Taiu na onda do Espírito

Taiu na onda do Espírito

Taiu Bueno

São Paulo
2015

editora gaia

© Otaviano Taiu Bueno, 2015
1ª Edição, Editora Gaia 2015

Jefferson L. Alves – diretor editorial
Richard A. Alves – diretor-geral
Flávio Samuel – gerente de produção
Flavia Baggio – coordenadora editorial
Deborah Stafussi – assistente editorial
Elisa Andrade Buzzo – preparação de texto
Ana Cristina Teixeira e Fernanda B. Bincoletto – revisão
Tathiana A. Inocêncio – projeto gráfico e capa
Arquivo do autor – fotos de capa

As fotos presentes nesta edição foram fornecidas pelo próprio autor. Todas as iniciativas foram tomadas no sentido de estabelecer-se as suas autorias, o que não foi possível em todos os casos. Caso os autores se manifestem, a editora dispõe-se a creditá-los.

Obra atualizada conforme o
NOVO ACORDO ORTOGRÁFICO DA LÍNGUA PORTUGUESA.

Dados Internacionais de Catalogação na Publicação (CIP)
Câmara Brasileira do Livro, SP, Brasil

Bueno, Taiu
Taiu, na onda do espírito / Taiu Bueno. – São Paulo: Gaia, 2015.

ISBN 978-85-7555-451-7

1. Bueno, Octaviano Augusto de Campos, 1962- 2. Surfe 3. Surfistas - Biografia I. Título.

15-04516 CDD - 797.32092

Índices para catálogo sistemático:
1. Surfistas: Biografia 797.32092

editora gaia
Direitos Reservados

editora gaia ltda.
(pertence ao grupo Global Editora e Distribuidora Ltda.)
Rua Pirapitingui, 111-A – Liberdade
CEP 01508-020 – São Paulo – SP
Tel.: (11) 3277-7999 – Fax: (11) 3277-8141
e-mail: gaia@editoragaia.com.br
www.editoragaia.com.br

Colabore com a produção científica e cultural.
Proibida a reprodução total ou parcial desta obra sem a autorização do editor.

Nº de Catálogo: **3703**

Sumário

Nota do autor 7
Introdução 9
A infância 13
Guarujá das antigas (anos 1970) 22
Minhas primeiras viagens 31
Surfe profissional 51
Desert Point 64
Um dia estranho 67
O acidente 70
A nova realidade 72
O hospital 74
O respirador 77
Encarando a realidade 80
Histórias de hospital 82
A luta 84
Lar, doce lar 86
Rehab 89
S.O.S planeta Terra 92
Efeito Muggie 94
Dez anos depois 96
Havaí sobre rodas 100
Brasil dos anos 2000 103
A vontade é grande 108
Sonhos acontecem 109
A saga da Paúba 113
Caminho de pedras 116
Tombos com a cadeira de rodas 119
À deriva 125
A minha volta ao surfe 127
Curiosidades 137
A onda do espírito 140
Vamos nessa 146
Reflexões e pensamentos 149

Dedico este livro, e ao mesmo tempo agradeço a Deus por ter me dado esta segunda chance, aos meu pais e irmãos, a Diana, minha esposa, por ser minha companheira guerreira e fiel ao Senhor, à editora Gaia, às empresas e patrocinadores que algum dia já me apoiaram, aos que me apoiam hoje e aos futuros patrocinadores. Dedico também e agradeço aos amigos que estão sempre ao meu lado, aos amigos especiais que não me deixam faltar nada, àqueles que torcem por mim e a você leitor!

Nota do autor

Este livro é a segunda versão da minha história. O meu primeiro livro contém muitas passagens que vivi no surfe. Já neste novo, eu volto ao passado e conto toda a minha vida, desde a infância, o início no surfe, relembro o acidente e me foco mais nas experiências vividas após ele.

Em 2007, enquanto estive na casa do amigo Josil em Ubatuba, ele me falou da Editora Gaia, do Richard e do Jefferson, e que eles gostariam de reeditar o meu primeiro livro, *Alma guerreira*. Sugeri fazer algo diferente, atualizado. Gostaria de registrar um agradecimento especial aos fotógrafos pelas fotos carinhosamente cedidas após meu acidente e pelas retiradas recentemente, as quais tomei a liberdade de publicar no meu livro histórico. Obrigado pela parceria de sempre e pelos registros no decorrer da minha vida: Bruno Alves, Alberto Sodré, Sebastian Hojas, Diana Bueno, Marcelo Bicudo, Paul Cohen "Gordinho", Silvia Winik e Basílio Bosque Ruy.

É difícil falar da própria história, ainda mais relembrar detalhes do acidente. Eu penso que somente voltarei a escrever sobre a minha trajetória outra vez no dia em que me levantar desta cadeira. E parece que esse dia está próximo!

Espero que este livro acrescente algo especial na sua vida!

Boa leitura!

Introdução

– O que seria da vida sem significado?!
– Será mesmo que a gente sabe o significado da vida?!

O significado da vida depende dos valores, das crenças, de onde você é criado. Mas, com certeza, independentemente de tudo isso, acredito que a humanidade segue rumo à evolução.

Morei com Taiu durante quase dois anos, do início de 1990 até meados de 1991.

O que nós queríamos quando fomos morar juntos?

O que eu queria mesmo era estar perto da natureza, praticar esportes, curtir as amizades e ter qualidade de vida...

O Taiu queria era pegar onda! Surfar! Esse era o real objetivo dele! Um cara extremamente fissurado.

Eu me lembro de uma viagem que fizemos juntos para a Austrália, no início desta jornada, quando éramos sócios. Fomos correr os eventos do circuito mundial. Isso mesmo, e fizemos uma sociedade: combinamos que dividiríamos os prêmios, e um seria o técnico do outro nas baterias.

Aquela viagem foi inesquecível. Começamos por Burleigh Heads, na Gold Coast. "Seu cabra", como ele me chamava, "esse pico tem o seu nome!" Começamos na Gold Coast, seguimos de carro até Melbourne, no sul da Austrália, e terminamos em Sidney. Taiu sabia todos os picos que queria surfar. E eu, mais jovem, me deixava contaminar por aquela energia... Na realidade, sempre me alimentei da energia dele, algo impressionante, como uma usina de força que não tem fim!

Surfamos Kirra... foram investidas matinais antes do crowd, não foi o Kirra mais clássico, mas aquela onda é demais e pudemos sentir na pele o potencial de umas das ondas mais perfeitas do mundo. E, claro, pegamos uns tubos, o melhor que aquela onda tem para oferecer. O pior era a correnteza, que não nos deixava ficar sem remar nunca!

Mas o melhor ainda estava por vir: o Taiu, ou "Batatinha", como eu o chamava carinhosamente, tinha um plano de viagem que eu nem imaginava.

– Vamos, "seu cabra"... rumo ao sul, em direção ao próximo evento.

Seguimos rumo a Sidney-Melboubne, e, no caminho, ele sabia que havia ótimos picos para surfar.

Uma acelerada a mais no carro para poder chegar a tempo em Lennox Head (Byron Bay). Finalmente paramos bem em frente a uma direita com tamanho, que quebrava em cima das pedras. Confesso que estava com preguiça. Já era final de tarde e tínhamos pouco tempo de surfe pela frente. Mas, quando olhei para o lado, o Taiu já estava pronto e dando tchau pra mim! Não tive outra opção a não ser segui-lo, e também me atirar das pedras rumo a mais uma caída motivada pelo entusiasmo do Taiu. Valeu a pena, pois o mar estava muito bom!

    Seguimos viagem à noite.
    – Um pouco mais à frente tem outra onda, Burle, que quebra em um lugar mágico.
    – Que onda é essa?
    – Angourie!
    Dormimos no carro no estacionamento do pico. E eu escutando as histórias das ondas:
    – Burle... ummm, sabe aquele filme *Sultans of speed?*
    – Sei, sim...
    – Pois é, aqui tem aquela sessão histórica do Terry Fitzgerald...
    Essa é aquela onda que quebra perfeita com sessões de tubos e manobras.
    Ele quase não dormiu pensando nas ondas, e a investida foi muito cedo. Foi a melhor de nossa viagem. Surfamos uma das melhores ondas de nossas vidas! O mar estava perfeito, com dois metros sólidos e tubos dourados. Um sonho!
    A nossa próxima parada foi em Palm Beach, Sidney. Ficamos um dia na casa da famosa lenda Cheyne Horan e de seus amigos-gurus. Eles viviam como uma família, e eram zen-naturalistas totais. Faziam as refeições sempre balanceadas, as quais eram compartilhadas por todos da casa.
    – Burle, ummm, esse cara é demais... de uma sabedoria e sensibilidade acima dos outros... acho que o mundo do surfe ainda não entendeu ele. Devemos absorver ao máximo os ensinamento desses caras.
    – Claro meu amigo... estou contigo e não abro!
    A estrada era longa até Melbourne... e seguimos rumo ao nosso segundo evento da perna australiana. Motivados pelas nossas experiências, fizemos uma boa viagem. Surfamos as históricas ondas de Bells Beach e Winkpop. O surfe do Taiu se encaixou naquelas ondas como uma luva. O cara tem o power-surf na veia, e uma linha de dar inveja na maioria dos surfistas.
    Terminado o evento, regressamos para Sidney, onde finalizaríamos a nossa expedição na "terra dos cangurus", participando da última etapa, o Coke Classic, em Narrabeen.
    Narrabeen é uma onda com fundo de areia, *a famous beach break!* Estávamos competindo com os melhores do mundo, e consegui chegar na fase da

premiação contra o taitiano Vetea David. Perdi, mas o prêmio foi suficiente para encomendamos duas pranchas Webers, que eram as pranchas do momento! Fizemos o investimento da firma. O que seria um acordo entre amigos se tornou realidade: a grana arrecadada naquela viagem era da equipe!

Enquanto esperávamos nossas pranchas ficarem prontas, ficamos novamente na casa do Cheyne Horan e seus gurus. Desta vez lá estavam Robbie Page e Tony Ray. E também surfistas australianos do tour. Surfamos em vários picos por ali depois do campeonato, principalmente em Little Avalon.

Nunca vou esquecer dessa viagem.

Será que eu voltei da Austrália surfando melhor? Que eu me lembre, não. Não sei responder... Mas, com certeza, aquela viagem foi uma das experiências mais enriquecedoras da minha vida! Foi a minha primeira sociedade. Um sucesso!

Meu guru, Taiu, foi o mais empolgado de todos com a vida! Sou eternamente agradecido por ter tido a oportunidade de conviver com uma pessoa tão especial e amante da vida como ele. E também por juntos termos aprendido tanto com nossos erros e acertos, e, principalmente, por nunca termos julgado nossas diferenças e preferências.

Afinal de contas, o amor é assim, livre! A vida nos uniu com o simples objetivo de nos ajudar a evoluir e a ser quem somos hoje... E que assim continue. Vida longa ao meu amigo guerreiro e exemplo de ser humano! Amém!

CARLOS BURLE

A infância

Nasci e cresci na cidade de São Paulo. No início, morávamos na Taufik Camasmie, uma pequena rua do Jardim Europa. Eu e meus irmãos, Totó e Sylvia, fomos criados pelos nossos pais, Cecilia e Guitty. Nesta casa havia diversos vizinhos conhecidos, mas, depois do golpe militar em 1964, grupos de esquerda passaram a explodir quartéis. Pela proximidade da nossa casa com o quartel da avenida Groenlândia, nós nos mudamos para casa da nossa avó paterna, a vovó Baby, no Pacaembu. O meu pai tinha um irmão, o tio Bento, que montava carros na garagem da casa. Ele era entendido em mecânica, e passava o dia mexendo num Gordini. Sempre ficava todo sujo de graxa. Nessa época, nós morávamos com os nossos primos paternos, o Carlinhos (RIP), que faleceu num acidente de moto aos dezessete anos de idade, a Nena, a Nêta e o Toni. Depois de alguns anos, nos mudamos para uma casa na Praça Antônio Duarte do Amaral, de volta aos Jardins. Fizemos muitas amizades pela vizinhança. Todos tinham bicicletas, e, nessa época, ainda era possível jogar bola na rua, subir nas árvores.

MEUS PAIS, 1979.

Sempre passávamos as férias e os feriados na fazenda, que ficava a uma distância de 300 quilômetros para o interior, próxima à cidade de Matão. A fazenda era do meu avô Bento Carlos Arruda Botelho, mas eu não cheguei a conhecê-lo. Posteriormente ela passou a ser do meu pai e do meu tio, Bento Carlos Bueno. Na fazenda havia muita coisa para fazer. Andávamos a cavalo, jogávamos bola, polo, pescávamos, subíamos nas árvores, nadávamos na piscina e andávamos de moto Mini Enduro. Era uma fazenda de cana-de-açúcar, e a paisagem lembrava um tapete verde.

MEU PAI NO CANAVIAL DA FAZENDA EM MATÃO, DÉCADA DE 1960.

Havia diversos animais pelo mato, entre eles cobras sinistras! Atrás da casa da sede existia um pomar com pés de laranja, jabuticaba, mexerica, caju, ameixa, nêspera e abio. Também tinha uma horta linda da Isaltina, a nossa caseira. A Isaltina era bem legal e cozinhava muito bem. Ela tinha um filho, o Maurinho, a quem pertencia um cachorro chamado Pelé, um vira-lata muito esperto e meu amigo.

NA FAZENDA (DA ESQUERDA PARA A DIREITA):
HELENA (PRIMA), EU, TOTÓ, VOVÓ BABY E NETA (PRIMA).

Havia também uma pequena represa, onde nós pescávamos muitas tilápias. Bem próximo da sede ficava a cidade de Silvânia, por onde passava um trem. No caminho para Silvânia existia uma mata, e a estrada de terra passava por dentro dela. Era uma linda travessia passar por ali, porque o mato cobria toda a estrada. Silvânia era uma vila, com casas bem pequenas. Além da vendinha e do bar do sr. Terige Bastia, também havia um campo de futebol gramado, onde, aos domingos, rolavam os jogos. Mas o melhor de tudo é que, além dos cavalos, nós tínhamos uma moto Mini Enduro.

NA FAZENDA COM A MOTO MINI ENDURO.

Nós crescemos assistindo ao meu pai jogar polo, e ele fazia parte de uma grande turma. Para jogar polo é necessário ter mais de seis cavalos, além do local para se jogar. Essa turma era formada por empresários importantes de São Paulo, como o Sidão, um amigo que sempre aparecia em casa, um dos donos do Pão de Açúcar. Além dele, havia muitos outros, que chegavam de avião na nossa fazenda.

CERCANDO OS AVIÕES QUE POUSAVAM NA FAZENDA.

Os jogos de polo aconteciam em São Paulo e no interior. Em São Paulo, eram realizados na Sociedade Hípica Paulista ou no Clube Hípico de Santo Amaro. No interior, os jogos aconteciam nas fazendas.

Havia um belo campo de polo na nossa fazenda, e quando eu e meu irmão estávamos um pouco mais crescidos, nós começamos a jogar! Quando não rolavam os jogos dos adultos, muitas vezes fazíamos os "mata-cobras" (treino de dois contra dois). As duplas eram sempre eu e meu pai contra o Totó e o Chico Macarrão, que cuidava dos cavalos.

TIME DE POLO.

JOGANDO POLO COM A ÉGUA BARRA-LIMPA.

Os melhores jogadores eram os argentinos. Eles eram "importados" pelas equipes brasileiras para reforçar os times nos torneios abertos. Os jogadores dessa época eram: PG e Augusto Meirelles, Alcides, Abilio e Arnaldo Diniz, Décito, os irmãos Aranha, Mansur, Zé Adão, Amadeu Bardella, Dino Tofini, Rony Scoth e outros.

MEU PAI JOGANDO POLO.

Meu pai era um bom jogador, mas o melhor jogador brasileiro era o Décio Novaes. Os argentinos que jogavam na Hípica eram o Gonzalo Tanoira e o Frank Dorignac, e outros que não consigo lembrar o nome.

Quando comecei a surfar, aos doze anos, não quis mais saber de polo. Meu irmão ainda insistiu, e continuava acompanhando o nosso pai nos jogos. Ele chegou a participar de um jogo importante do campeonato, durante uma semifinal na Hípica, quando um jogador do time do meu pai quebrou o braço. Ele tinha catorze anos na época, e entrou no time como reserva.

COM A ÉGUA BARRA-LIMPA.

Quando a fazenda foi vendida, em 1973, o nosso destino de férias passou a ser a praia. Meu avô Dibinho e a vovó Linda eram os caras do Guarujá. Meu avô viveu a época dourada da cidade, quando comprou o apartamento em 1965. Sempre que a minha mãe me levava até a casa deles, em São Paulo, eu ficava delirando com a coleção de revistas de surfe importadas, *Surfing* e *Surfer*, que os meus primos, que moravam lá, guardavam no armário. Eu devia ter seis anos de idade quando vi pela primeira vez um tubo numa foto de revista, e me interessei.

Comecei a surfar sobre pranchas de isopor. Muita gente também começou surfando com aquelas pranchinhas de isopor, que viraram referência de uma época. O problema é que elas sempre quebravam no meio. Depois de quebrar algumas, no final das férias ninguém queria mais me comprar outra... Então, eu ganhei minha primeira prancha de fibra no Natal de 1974. Nós fomos passar aquelas férias de verão no Guarujá.

Eu costumava ficar horas e horas na água, e nós já sabíamos passar a arrebentação até o "fundão" desde o tempo das pranchas de isopor. O nosso primo Guto, que já sabia surfar, era o nosso professor.

PRIMEIRA PRANCHA.

O outside é a região depois das ondas, onde as ondas ainda não quebraram. Ali é o objetivo a ser alcançando, e é lá que se espera uma onda boa. Quando o Totó saiu em viagem com os meus avôs no meio das férias, eu e o Gui Mattos nos tornamos parceiros de surfe. Surfávamos todos os dias, durante muitas horas. Além do surfe, nós aprontávamos algumas pela cidade, como quebrar vidraças com estilingue e jogar ovos nos carros. Coisas de moleque bagunceiro. Um dia, dentro de um dos fliperamas do centro, nós percebemos que havia um moleque de olho nos bolsos dos outros para roubar carteiras. Era o Mamão, e nós aprontamos uma armadilha para ele. Deixamos uma nota de dinheiro para fora do bolso enquanto um jogava e o outro ficava esperando, para pegá-lo em flagrante. O sol forte do verão nos castigava. O exagero era tanto, que à noite eu ficava com febre, provavelmente por causa do sol.

Da esquerda para a direita: Gui Mattos,
eu e Totó, na praia de Pernambuco, Guarujá, 1975.

Depois que comecei a surfar nunca mais parei. E o grande barato era descer de ônibus para a praia todo final de semana. Sempre íamos em turma rumo ao Guarujá, e dentro do ônibus ligávamos o som à pilha no último e descíamos a serra escutando Pink Floyd ou Supertramp. Quando não era possível descer para o litoral, eu andava de skate pelas ruas e calçadas de São Paulo. Geralmente era perto do clube ou perto da casa de algum amigo, porque meu pai era contra skate. O Gui e o Renato Moura eram os parceiros. A rua Circular do Bosque, no Morumbi, era fechada pela prefeitura nos finais de semana, e se tornava área de lazer dos moradores. Muitos skatistas andavam por lá, na rua conhecida por "rua do lazer". Numa descida em alta velocidade, eu levei um tombo feio e quebrei a clavícula. Doeu muito, e fiquei engessado por um mês.

Ser um surfista que mora longe da praia tinha desses percalços. E andando de skate durante a semana, mas sonhando com surfe, eu entubava embaixo dos arbustos das calçadas. Quando surgiram as rampas e o Wave Park (pista de skate) nunca me aventurei.

ANDANDO DE SKATE NAS CALÇADAS DE SAMPA.

    A mala para ir para a praia era organizada já na quarta-feira... Aprendi inglês de tanto tentar ler as revistas *Surfing* e *Surfer*, que eram as únicas da época. Logo que saiu a primeira revista brasileira, a *Brasil Surf*, surgiram referências brasileiras como Rico, Bocão, Otávio Pacheco e outros.
    Na minha juventude paulistana estudei num dos colégios mais difíceis da cidade, o Santo Américo. O colégio era conhecido por nós como "presídio". A disciplina era rígida e o horário era semi-interno, das oito da manhã às cinco horas da tarde. O que havia de bom lá eram os esportes. O colégio era competitivo, e sempre participava das Olimpíadas Intercolegiais. Eu terminei o segundo grau em 1980, e só voltei novamente ao velho colégio em 2012. Nessa ocasião, encontrei alguns ex-professores, o Marcello Fuitem, o Tostão e o reitor, Dom Gabriel.

Guarujá das antigas (anos 1970)

Na época em que comecei a surfar, nos anos 1970, o Guarujá ainda era a "Pérola do Atlântico". No final do século XIX foi construído, no meio da praia das Pitangueiras, o Grande Hotel. Ali foi, por um bom tempo, o destino da nobreza paulistana, que frequentava os cassinos da Europa durante o inverno.

Comecei a frequentar o Guarujá numa época em que já havia diversos edifícios construídos de frente para o mar, mas ainda não eram tão numerosos como hoje. Eu peguei a rebarba da pérola. Nas ruas de trás (Barra Funda e Vila Maia), havia poucos edifícios e algumas casas. Existia um teleférico, situado no Morro da Barra Funda, onde hoje fica a rua Cubatão. Durante a temporada no centro, além de parques de diversões, havia pista de kart, fliperamas, sorveterias, lanchonetes e algumas lojas. E o lugar para ir era neste centrinho, numa galeria (Caminho do Mar), onde todos se reuniam.

TELEFÉRICO.

Na rua de trás (Mário Ribeiro), na frente do centrinho, ficava o Cine Praiano. Havia também o cinema velho, que ficava na esquina da avenida Leomil com a Puglisi. O point dos surfistas era no "centro", exatamente na lanchonete Six, que depois passou a se chamar Ornella. O "centrinho" ficava situado no "Caminho do Mar". As principais sorveterias eram a Guarujá e a Caramba. Em frente ao centrinho e contemplando a ilha Pombeva ficava o Clube da Orla. O clube, antes parte da piscina do antigo Grande Hotel, hoje virou um shopping. Nessa época, do outro lado da rua, ainda permanecia em pé o velho cassino, porém desativado. Anos depois, ele foi demolido. Eu imagino que logo no início, durante os anos 1930, o Guarujá devia ser um Caribe brasileiro!

Grande Hotel.

Nos anos 1970 os surfistas do Guarujá eram de São Paulo ou de locais da cidade. Todos se conheciam, mas alguns se estranhavam.

Surfando, em julho de 1975.
Foto do avô Dibinho, do terraço do apartamento.

Nessa época existia localismo e algumas brigas no centro. O Shel, que era guarujaense, parecia ser o chefe da turma dos locais, e estava sempre envolvido nas brigas. Rolava uma lenda que ele tinha uma bala na cabeça. Eu, meu irmão Totó e nosso primo Guto morávamos em São Paulo, e nessa época começamos a fazer aulas de kung fu. Formamos um grupo de amigos e os treinos aconteciam em casa, no estacionamento. Era a época em que passava na TV a série *Kung Fu e os monges Shaolin*. O chão era duro, de paralelepípedo, e o nosso mestre Marcelo nos colocava para treinar chutes e socos dois a dois, depois de um treinamento bem puxado.

Os treinos eram bem sérios. Além do surfe, eu gostava muito de luta, e assistia a todos os filmes do Bruce Lee, de quem eu era fã.

Passados alguns meses treinando, comecei a me sentir superpreparado, e isto era muito bom porque nesta idade nunca arrumei confusão ou fui vítima de alguém. Aos quinze anos me envolvi na única briga da minha vida. Foi durante um jogo de futebol num campeonato no clube. Dei um soco na cara da pessoa que estava me atacando, e depois me arrependi do estrago que fiz. Depois disso nunca mais me envolvi em brigas.

O surfe é um esporte diferenciado, e uma das coisas que mais gosto é que, dentro da água, o universo se torna igual para todos. Enquanto estava aprendendo, eu só observava. Alguns locais me deram dicas importantes e que foram fundamentais no meu aprendizado. O Preto, que era um dos melhores surfistas guarujarenses da época e dono da legendária loja Surf Center, era um cara muito legal na água. Mesmo sem nunca ter ido ao Havaí, ele foi o primeiro surfista a me passar uma vibe "aloha". Enquanto estava na água, ele não parava de pegar onda, e sempre nos avisava quando vinha a série.

RÉPLICA DE UMA FOTO DO PRETO, PINTADA POR TUCA MANSUR.

Foi na Surf Center que eu levei a minha primeira prancha, uma Miçairi 6'2" monoquilha, para furar a quilha. O ano de 1975 foi o início do uso da cordinha, e ela ficava amarrada na quilha nessa época.

Entre "os caras" que já eram os bons surfistas da época estavam: Quincas, Sidão, Adê, Sergio Ricardi, os irmãos Pierre e Angelo Palumbo, meus primos Guto e Dario, Dragão, os irmãos Rony e Fabio Carrari, Jaiminho, Egas Muniz, Paulo Esparadrapo, Peninha, Alex Alemão, os irmãos Thyola e Madinho, Zé Roberto Rangel (RIP), Teixeira, os irmãos Fabrício, Paulo e Baleia, Lucha, Alan, Marchê, os irmãos Zézinho e Fernando Rego, Carlinhos Keller, Ave, Karl e Alfio Lagnado, Péjo, os Lumbras, Robi e Jorge, os irmãos Christian e Dôdo von Sydow, os irmãos Herbie (RIP) e Michael. Dani Boi, Luciano Lucha, Alan, Valter Piercinini, Tomas Panela, Zimpa, Piva, Dandão, Paulo Vainer, Paulo Esparadrapo, Fernando Lafarina, Chico Paioli, Mario e Thomas Fucs (RIP), Belém, Ficarelli, Buru, Mariola (RIP), Feio Sala, e outros, todos de São Paulo.

Havia também os surfistas locais do Guarujá, e alguns eram muito bons. Os principais eram Roberto Alves e Sergio Gorilão, que surfavam no Maluf e dominavam as competições em 1975 e 1976. Além deles, outros que sempre surfavam ali perto eram o Ramiro (RIP), Keskê, Elton Preiss, Marquinhos 360, Rósulo (RIP), Jordano, Jaime Daige (RIP), Neco Carbone, Tinguinha, Moisés, Nelsinho, Nonai, Zé Perez (RIP), Jorge Mula, Samuel (RIP), Patrô, Cacá, Rolley, Bruxa, Wagner Vitamina, Serapião, Prexeca e Dik. Havia também os surfistas do Tombo, com o Neno se destacando primeiro e depois Paulinho e Amaro. O Paulo Rabelo era de Santos, mas morava no Tombo. Ele era o mais radical! Os irmãos Marquinhos e Joaquim, o Tarzan do Tombo, Kareca da Shine, Wagner Vovô, Fuad e Wadih Mansur, Alemão do Tombo, Magrão, Dominique Rice, Sabrina Rice e o pai Johnny Rice e outros que não lembro agora. Tinha um cara dessa turma que surfava muito! Ele tinha apenas dezesseis anos quando o vi surfando pela primeira vez. O surfe dele era diferente, pois tinha estilo e muita energia. Este era Paulo Tendas, que, para mim, era sempre o melhor surfista da água.

PAULO TENDAS.

Olavo Rolim era outro excelente surfista, e morava no mesmo edifício que o Paulinho, o "Tendas". Quando o mar ficava grande em frente ao prédio deles, nas Galhetas, os dois eram sempre os destaques na água e foram uma das minhas inspirações para surfar ondas grandes. Mas o esporte surfe, por fazer parte de uma cultura alternativa, e também por ter se popularizado junto com o movimento *hippie* nos anos 1960-1970, era visto com muita discriminação. Surfista era taxado de alienado, vagabundo e maconheiro. Quantas "gerais" eu tomei da polícia, na minha inocência, quando ainda era careta na adolescência? O surfista tomava geral só por estar com pranchas na capota.

O shaper californiano Johnny Rice morava no Tombo com sua família. Ele fabricava pranchas e ensinou muitas coisas para os locais do Tombo. Foi uma ótima contribuição para o desenvolvimento do surfe e das pranchas locais.

O Thyola era o fabricante das pranchas Lightning Bolt, juntamente com o havaiano Mark Jackola. Eu achava que eles tinham a melhor fábrica de pranchas. Ela ficava em cima do morro, atrás da casa do seu Afonso, no final da rua Brasil. Além de surfar, ir até a fábrica e acompanhar a fabricação das pranchas era uma "viagem". Eu assistia ao Thyola trabalhando com a resina e o admirava. Às vezes conversava com o havaiano, que falava um português com sotaque carregado. Na parede da fábrica havia fotos do Thyola no Havaí, em Sunset, do Fabrício e do Adê em Pipeline, do Zanotto e do Teixeira.

A minha segunda prancha, depois da Miçairi, foi uma Lightning Bolt tamanho 6'8" e shape do Johnny Rice. Não me lembro exatamente porque optei pelo shape Johnny Rice.

MINHA PRANCHA JOHNNY RICE-THYOLA 6'8".

Além das pranchas, o Thyola também promovia sessões de filmes de surfe quase sempre em São Paulo, mas alguns eu assisti num telão na areia. Eram filmes que me inspiravam completamente, e as imagens do Havaí nos faziam sonhar. *Sundance, Salt water wine, A matter of style, Five summer stories*, entre outros.

THYOLA COM PRANCHAS.

A Lightning Bolt também organizava o campeonato da época. E, em julho de 1975, eu assisti pela primeira vez uma competição, do terraço do meu apartamento. As ondas estavam gigantes, o mar subiu de um dia para o outro. Acompanhei de perto todas as baterias, que começavam com o desafio de conseguir passar pela arrebentação. A entrega de prêmios aconteceu no antigo Cassino, e presenciei Egas Muniz e Sergio Ricardi (Guloseimas) receberem os louros da vitória, nas categorias Senior e Junior, respectivamente.

EU NO MALUF, 1977.

Os surfistas de Santos tinham surfe radical, e alguns vinham surfar no Guarujá. A família Salazar, que era composta pelo Lequinho (RIP), Almir e Picuruta, ia todo final de semana surfar na praia de Pernambuco. Algumas raras vezes eles surfavam na Pitangueiras, e o Picuruta já tinha um surfe "diferenciado". Décio, Cisco, Christian Wolthers, os Fukudas, Wagnão, Edinho, Zé e Fê Corrêa, Mickey e Mario Hoffman, Luis Neguinho, Bito Aranha, os irmãos Mansur, Jacuí, Quizumba, Bambu , Adilson (RIP), Edu Buran, Nino (RIP) e alguns outros eram de Santos, mas sempre surfavam em alguma praia do Guarujá.

COM UMA CAMISETA DE COMPETIDOR NO MALUF, EM JULHO DE 1977.

Para ir da capital para o Guarujá, fosse aos finais de semana, nas férias ou em feriados, a viagem era quase sempre de ônibus com alguns amigos. Quando comecei, no meio dos anos 1970, a rodoviária ainda era no

Glicério, no centrão da cidade. Depois ela se mudou para o Jabaquara, e com a inauguração do metrô ficou tudo mais fácil.

Os parceiros de fim de semana eram: Gui e Beto Mattos, Marcelo Medeiros, Paulinho Esmeralda, Fico e o irmão, Padeiro, Jordy e Alex (RIP), Luizinho, Pacelli, Murilo, Xan, Gimenez, Babalu, Jeff, Mario Albanese, Alfio, Rico, Frida, Fantinha, Fabio Alan, Waquil, Marco Merhej, Sandro, Plínio, Paulinho Galvão, Paulo Dana, Angelo Palumbo, Cinira, Anésio, Allois e provavelmente outros.* A conexão até a rodoviária era feita de carona ou via táxi-metrô-rodoviária. Mas a praia era a nossa meta. Anos mais tarde, quando alguns dos mais velhos da turma foram tirando a carteira de habilitação para dirigir, essa conexão passou a ser feita de carro. E esse vai e vem para o Guarujá nunca mais parou...

Enquanto eu fazia a oitava série no colégio, tinha o privilégio do meu primo Guto ir me buscar na sexta-feira para irmos direto para o Guarujá. E com catorze anos eu já dirigia o seu Fusquinha. Era também o piloto da Brasília azul do Paulinho Galvão, e muitas vezes ia dirigindo para o Rio de Janeiro e Ubatuba, nas nossas memoráveis "trips".

---

* Alguns nomes não foram lembrados, mas isso não importa. O que importa é quem vivenciou essa época!

Minhas primeiras viagens

Quando eu tinha treze anos, meu avô Dibinho levou uma boa parte da família para conhecer o Havaí.

Nessa viagem, que aconteceu em julho de 1976, fomos eu, minha irmã, mãe, avó e meu avô, além do meu irmão Totó e do meu primo Guto. Conosco também foram mais dois amigos, Paulo Dana e Ricardo Waquil.

Era verão no Havaí, uma época em que as boas ondas para surfar quebravam em Waikiki. Ficamos instalados em frente à praia, e do quarto era possível visualizar o vulcão Diamond Head. Fomos na Kapiolani Avenue, onde cada um de nós comprou uma prancha na loja do Ben Aipa. A minha foi uma stinger, tamanho 6'4", e o nosso amigo Paulo Dana comprou a dele na loja da Lightning Bolt.

Nos primeiros dias que surfei por lá senti que tudo era muito diferente. Fiquei com medo dos corais no fundo, porque era nítida a visão deles através daquela água transparente. Eu me lembro de ter passado os três primeiros dias surfando sem cair da prancha.

COM PAULO DANA EM WAIKIKI, HAVAÍ, 1976.

As ondas não eram muito grandes, mas eram perfeitas. Depois de alguns dias me acostumei com aquela realidade diferente. As ondas eram muito melhores do que as do Brasil, e por isso eu estava surfando melhor. Elas quebravam a uns 500 metros de distância da praia, e havia sempre surfistas bons na água.

A minha referência de surfe de longboard era o Preto, o dono da loja Surf Center. Mas no Havaí encontrei na água dezenas de surfistas tão bons quanto ele. Passados alguns dias em Waikiki, nós fomos conhecer o famoso North Shore. Eu já conhecia a maioria das praias de lá por fotos de revistas. Mas, por ser verão, quando chegamos não havia nenhuma onda. A nossa primeira parada foi em Sunset Beach, e, para mim, foi inacreditável ver aquela praia sem ondas.

Em Sunset Beach, Havaí, 1976 (as ondas só quebram no inverno).

A nossa próxima parada foi em Pipeline, que também parecia uma lagoa azul! Depois fomos visitar a famosa praia de Waimea.

COM TOTÓ E SYLVIA EM WAIMEA, 1976.

Entramos pelo vale até a cachoeira, chamada Waimea Falls. Era a mesma do filme *Mar raivoso*, o primeiro filme de surfe que assisti no cinema do Guarujá.

VOVÔ DIBINHO EM WAIMEA FALLS, 1976.

Surfamos por duas semanas todos os dias!

Fizemos a nossa primeira viagem para a temporada de inverno do Havaí cinco anos depois, e desta vez fomos apenas meu irmão e eu. Chegamos ao North Shore em janeiro de 1981. Havia diversos brasileiros por lá, e a maioria era do Rio de Janeiro. Muitos deles já eram "ratos velhos" e experientes. Alguns se destacavam naquelas ondas grandes. Renan Pitanguy, que era conhecido em Pipeline como "Da Crab", foi o melhor brasileiro da temporada. Também estavam por lá Ricardo Bocão, Rico e Otávio Pacheco.

Roberto Valério e Valdir Vargas me incentivaram a surfar em diversos picos de ondas grandes, como Pipeline e Waimea. Na primeira vez é fundamental alguém te dizer: "vamos lá que é tranquilo!" Havia um fotógrafo havaiano que era muito amigo dos brasileiros. Era o Paul Cohen, conhecido também como Gordinho. Além de fotografar os brasileiro, ele realizava anualmente um campeonato, exclusivo para brasileiros. Estavam também por lá Rodolfo Lima, Fred D'Orey, Kronig, Broca e Ianzinho. De São Paulo, somente eu, Totó, Roberval, Tuca, Tião e Paulo Uchôa, que morava em Sunset.

Surfar nos dias grandes em Sunset, Pipeline e Waimea me deu muito medo nessa minha primeira temporada. Nas primeiras vezes, eu ficava um bom tempo no canal esperando o medo passar, até a mente se acostumar com aquela dimensão. Depois, remava para o pico. Mas nas ondas menores, como Rocky Point, Velzyland e Off The Wall, me sentia no paraíso. Depois de um mês no North Shore, nós completamos a viagem indo para a ilha vizinha de Kauai, onde passamos o outro mês. Alugamos um estúdio no condomínio Princeville, em Hanalei. O Roberval também foi conosco, e juntos surfamos e exploramos bem esse outro pedaço do paraíso.

HANALEI BAY, FEVEREIRO DE 1981.

A praia de Hanalei Bay é um dos lugares mais bonitos que já conheci. Quando o surfe não era em Hanalei, nós íamos de carro até uma praia chamada Tunnels and Cannons. O caminho de Hanalei até chegar lá era demais. Eram duas ondas, a esquerda, que se chamava Cannons, e a direita, Tunnels. A onda de Cannons quebrava bem tubular, um mini Pipeline. A onda de Tunnels quebrava bem distante da praia, e era preciso remar uns dez minutos para chegar até as ondas. Nós conseguimos registrar algumas ondas, pois levamos uma câmera Minolta à prova d'água.

SURFANDO EM TUNNELS, KAUAI. FOTOGRAFADO POR TOTÓ.

Nesta ilha maravilhosa, conhecida como Ilha Jardim, conhecemos também uma praia secreta, onde só locais surfavam. O pico chamava-se Kalihiwai, e era onde ficava a casa do respeitado surfista Titus Kinimaka.

Quando voltei para São Paulo foi triste, porque foi um impacto. Acostumado à tranquilidade da vida do Kauai, chegar na metrópole paulistana se tornou minha loucura. O curso na PUC não fazia mais o menor sentido. E nas ruas de São Paulo, parado no trânsito, eu ficava pensando nos meus amigos cariocas sabendo que quando retornavam para o Brasil, eles poderiam ir para a praia. Mas sempre tive o Guarujá nos finais de semana, não podia reclamar.

A primeira vez que fui como surfista para o Rio de Janeiro foi para assistir o campeonato internacional de surfe em 1977, o Waimea 5000. Nós fomos para lá com minha mãe, e nessa ocasião tive a oportunidade de assistir todos os melhores da época ao vivo. Acompanhei tudo em detalhes da areia, prestando muita atenção na movimentação dos pés, braços e a atitude dos competidores nas baterias. As finais aconteceram no Quebra-Mar, e a disputa foi entre dois brasileiros. O campeão foi Daniel Friedman, que venceu o jovem Pepê Lopes na grande final.

DA ESQUERDA PARA A DIREITA: DANIEL E PEPÊ, 1977.

Nos anos seguintes fui assistir ao campeonato com os amigos. Fazíamos as "barcas" de São Paulo para o Rio pela via Dutra, a bordo das "Brasílias". Éramos eu, Totó, Paulinho Galvão, Paulo Dana, Marcelo Medeiros, entre outros. O Totó tinha uma Brasília branca e o Galvão uma azul.

DA ESQUERDA PARA A DIREITA: KINKAS, FERNANDO, GALVÃO E EU.

O Paulinho é primo do fotógrafo Carlos Lorch, que morava no Rio. Através dele, durante os campeonatos, fomos conhecendo diversos competidores daquela época. Do Brasil, o primeiro foi o Cauli. E encontramos diversos gringos no hotel, como Shaun Tomson, Reno Abellira, Michael Ho, Peter Townend, Ian Cairns, Mark Warren, Buzzy Kerbox, Hans Hedeman, Steve Jones. Nos anos seguintes apareceram os da nova geração, como Cheyne Horan, Jim Banks, Joey Buran, Terry Richardson, Alan Sarlo, Willy Morris, Wes Laine e outros.

No final dos anos 1970 e início dos 1980 participei também de alguns desses campeonatos. Além do Campeonato Internacional do Arpoador, havia o Nacional de Saquarema, o Brasileiro de Ubatuba e o Olympikus de Florianópolis. Em 1978 participei do meu primeiro campeonato brasileiro em Ubatuba, porque meu nome já aparecia nas listas de convidados. Só que fui para lá com o nosso amigo Frida, que era quem tinha carro na época. O Totó e o Paulinho Esmeralda também foram. Mas, no primeiro dia de competição, o evento foi adiado por falta de ondas, antes de chegar a minha bateria. Quando voltamos para o hotel, começamos a gritar e xingar do nosso quarto. Nós éramos muito crianças, tivemos um ataque de bobeira e rolou essa gritaria. Então o dono do hotel apareceu enfurecido para nos dar uma bronca, dizendo que não era permitido gritar palavras de "baixo calão". Caímos na risada, e o nosso amigo Frida respondeu, dizendo para ele não mexer com a gente, pois seu pai era coronel. Para quê ele foi falar aquilo? O dono do hotel se transformou! Ele gritou:

— Militar aqui não! Aqui quem manda sou eu!

E, no final, acabamos sendo expulsos do hotel.

Então voltamos para o Guarujá e dei W.O. na minha bateria, perdendo a chance de participar daquela competição em 1978.

No ano seguinte, novamente em julho, no mesmo campeonato de Ubatuba, ficamos amigos dos cariocas Roberto Coelho, Rosaldo Cavalcanti, Fred D'Orey, Leal, Baixinho, Rodolfo Lima e outros que estavam numa casa perto da nossa no Itaguá. Nós já havíamos conhecido essa turma durante um campeonato no Guarujá, cujo nome esqueci. Depois nós nos tornamos bons amigos. Todos moravam perto do Arpoador e a casa deles se tornou nosso local de estadia quando íamos para o Rio.

Nesse ano em Ubatuba eu fui bem na competição, e terminei em nono lugar. Era para ter tirado uma melhor colocação. Competi contra Cisco Araña numa bateria homem a homem e, quando saiu o resultado, eu havia vencido. Fui para casa muito feliz, porque estava classificado entre os oito finalistas e tinha apenas dezesseis anos. Não sei o que aconteceu depois do resultado, mas eu o havia derrotado por três juízes a dois. Mas alguém somou todas as notas e desta maneira ele fazia mais pontos do que eu. Quando cheguei na praia na manhã seguinte das finais, não sabia de nada disso. Eu me lembro de ainda dar uma namoradinha nos troféus que estavam ali expostos. Quando soube que teria que disputar novamente a mesma bateria contra o Cisco, inocentemente aceitei. E, por incrível que possa parecer, empatamos! E fomos outra vez para a água, até eu ser desclassificado. Coisas dos campeonatos dos anos 1970, que pude sentir um pouco na pele.

No ano seguinte, 1980, Paulo Rabello de Santos destruiu as ondas na final e venceu o campeonato. Confesso que aquilo foi uma grande inspiração para mim! Depois desse campeonato, em agosto, nossos amigos cariocas e meu irmão Totó mandaram muito bem no Campeonato Internacional do Arpoador. Totó passou pela difícil triagem e ficou na 17ª colocação, perdendo para o campeão do evento, Joey Buran. Fui eliminado logo no início da triagem, e infelizmente não assisti esse show porque retornei para São Paulo para não perder aulas no colégio. Fred D'Orey terminou na quinta colocação, e o Rosaldo ficou em nono.

Terminado o colégio Santo Américo nosso pai nos prometeu bancar a viagem das nossas vidas, que estava planejada para acontecer durante todo o ano de 1983. Eu e o meu irmão Totó trancamos a matrícula na faculdade e partimos com uma passagem para o Havaí, e depois Austrália e Bali. Era a nossa chance de passar todo o ano fora do país, mas, para conseguir realizar isso, nós teríamos que trabalhar lá por um bom período.

No início da viagem estávamos com algum dinheiro, e começamos passando os três primeiros meses no inverno havaiano. Alugamos um apartamento em Waialua, junto com o nosso amigo Fantinha, porque em dezembro no North Shore não havia mais lugares disponíveis para alugar. O apartamento era cercado de havaianos, alguns bastante malandros. Ali vivia uma família com muitos filhos da nossa idade. Naquele *réveillon* nós havíamos perdido a chave do apartamento, e desconfiados passamos a noite em casa. A chave apareceu jogada no chão na manhã seguinte. Acho que, por sermos brasileiros e sacarmos as malandragens, deixamos de ser saqueados naquela noite. A nossa estratégia para sobreviver naquele ano foi trabalhando nos *pedicabs*, que são as bicicletas-táxi. Um amigo, o Marco (Badboy), havia trabalhado no Havaí durante o ano anterior e nos passou todo o caminho para conseguir tirar a licença no departamento de trânsito em Honolulu. Nesse período que passamos em Waialua, além de surfar altas ondas no North Shore, conseguimos tirar o certificado de *pedicab operator* indo algumas vezes para Honolulu.

MEU IRMÃO TOTÓ.

Em fevereiro, já com o certificado de *pedicab operator* nas mãos, nós já tínhamos feito os primeiros testes do trabalho que seria o nosso sustento daquele ano. Durante esse mês, moramos numa casinha de madeira em Waimea, e aquela temporada de El Niño deu diversos mares de 30 pés, sem ninguém na água. Algumas vezes a defesa civil fechava a estrada Kamehameha Hwy por causa das ondas que invadia a pista na maré cheia. Nós conhecemos um gringo chamado Bruce, um californiano bem louco surfando em Sunset, e ele morou alguns dias conosco. Ele não tinha dinheiro algum, e dava os piores exemplos. Roubava peixes no Foodland para ajudar em casa, e quando ia conosco para Waikiki, costumava dar golpes nos turistas. Era um cara engraçado e que ficou nosso amigo, mas perigoso!

Seguindo o nosso roteiro, partimos para a Austrália no início de março, e fomos direto do aeroporto de Sidney para Coolangatta, na Gold Coast. Chegamos ao lugar que eu sempre via nas revistas *Surfing* e *Surfer*, onde ficava o lendário point de Burleigh Heads. Ali acontecia anualmente o Campeonato Mundial Stubbies, que marcava o início do circuito mundial. Encontramos alguns amigos brasileiros por lá: o Feio, que hoje é DJ, e o Tony Kaluama, que fazia as pranchas em São Paulo. Nós quatro participamos desse campeonato, e foi quando eu vi a geração Barton Lynch, Occy, Curren, Hardman, Bain, Page, Omerod, Cadden aparecendo.

Nesse campeonato vi Tom Curren ganhar de Mark Richards, mas foi Martin Potter o vencedor.

No hotel Burleigh Heads, Austrália, 1983.

Depois que o campeonato terminou, eu e Totó descemos a costa de carro, dirigindo por quase 2 mil quilômetros, mas demos uma parada em Angourie Point pra conhecer. E que onda é aquela? A Austrália é um lugar abençoado por Deus para o surfe, sem dúvidas. Demora para entrar as ondas, mas quando dá onda, a costa toda é cheia de morros envolvidos por point breaks, centenas deles... Depois de alguns dias viajando e uma parada em Sidney, chegamos na quieta cidade de Torquay, onde fica a lendária praia de Bells Beach. Ali aconteceria o segundo campeonato, e nós já estávamos inscritos também. Ficamos instalados num *trailer* que ficava em um *camping,* ao lado da fábrica da Rip Curl e da loja da Quiksilver. Nossos vizinhos de trailer eram os havaianos Tony Muniz, Calvin Maeda e o japonês Takao Kuga. Eles fizeram um bom intercâmbio conosco, e por estarem sem carro, pegavam carona todo dia até a praia em nosso carro alugado. Nesse campeonato deram altas ondas, e essa onda de Bells me lembrava a do canal das Pitangueiras! Totó caiu numa bateria muito difícil logo de cara, junto com a sensação australiana da época, Gary Kong Elkerton, Tony Muniz (estes dois passaram) e um goffy footer chamado Dominique Wybrow. Eu quase passei a triagem nesse campeonato, passei duas baterias com altas ondas e perdi por 3x2 no Rincón, ainda com uma prancha erradamente escolhida! O australiano Joe Engel estava surfando muito! Não sei o que estava usando, mas venceu a triagem e o campeonato principal, para depois ficar louco (verídico). Dizem que depois deste dia ele começou a surfar de pé trocado e a falar nada com nada. Drogas não valem a pena!

No início de abril partimos das ondas geladas de Bells direto para o calor de Bali, na Indonésia. Nesse início dos anos 1980, Bali ainda era primitiva e pouco explorada. Ficamos instalados num hotel em Kuta chamado Dayu II. O hotel ficava no meio do mato, e nós estávamos cercados de galinhas e porcos. Todo domingo eu assistia, da janela do meu bangalô, ao cruel espetáculo de caça ao porco. Eu via um balinês perseguindo um porco, porque ele seria servido grelhado no restaurante. Ficava agoniado ao ver o pobre porco fugindo, já sabendo que seria morto. O pior era a hora da facada fatal, pois tinha que escutar os gritos do pobre bicho.

Cada um de nós, montados numa moto Honda CG 125 alugada, explorávamos bem a ilha. A nossa aventura não parava, e surfamos bastante em Green Bowls, uma direita que nunca tinha ninguém na água. Algumas vezes também fomos surfar na praia mais conhecida, a de Uluwatu. Nessa época era preciso passar por uma estreita trilha de moto para chegar no estacionamento. Ali havia um balinês que já cobrava:

– *One hundred RUPIAHHH, my friend!*

Descendo a trilha e as escadarias a pé chegava-se ao cliff, e a alguns warungs, que eram as tendas onde ficavam os "miquerís" (carregadores e cuidadores da sua prancha) e as bebidas e petiscos. Os balineses são muito engraçados, e se eles descobrem que você é brasileiro falam palavrões e gírias que outros brasileiros já ensinaram antes para eles.

Em Uluwatu, 1991.

Depois de passar um mês comendo bem e barato e surfando as boas ondas da Indonésia, era chegado o tempo de voltarmos para o Havaí. O dinheiro estava curto quando chegamos lá. Levei algumas muambas para vender, como brincos, cangas e roupas. A grana acabou geral quando paramos uma noite em Hong Kong. Eu já fui tentando fazer negócio dentro do avião no Japão, ao estilo balinês, abordando algumas japonesas para comprar os brincos. Elas ficavam assustadas. Em Waikiki tentei "pagar uma" de camelô no início, mas era repudiado pelos turistas. O fato de não ter dinheiro e saber que poderia voltar para o Brasil me dava agonia. Tive alguns sonhos em que acordava e estava no Brasil e isso, para mim, seria a derrota.

Quando chegamos no aeroporto de Honolulu, ligamos para o nosso amigo de Bells, Tony Muniz. Ele logo apareceu no aeroporto e foi muito prestativo. Passou toda aquela tarde conosco telefonando e nos ajudando a achar um lugar em Waikiki para alugar. No final conseguimos alugar um apartamento *studio* na Kuhio Avenue, em Waikiki. Ele ficava a um quarteirão da praia e a três quadras da empresa onde eram alugados os *pedicabs*.

No dia seguinte, ao chegar à empresa para alugar um *pedicab*, como fizemos naqueles meses-teste, enquanto estávamos no início da viagem no North Shore, fomos surpreendidos. Encontramos diversos brasileiros por lá, e todos com o mesmo objetivo: à procura de um *pedicab* para alugar com o certificado na mão. A ideia de ficar alguns meses no Havaí não era só nossa, e assim formamos a comunidade dos *pedicabs* brasileiros em 1983.

Essa comunidade era composta por Marcelo Gato, Leal, Pilão e Gordo, o Paulão. Além desses ainda tinha Chipan, Baixinho, Fabiano, Nikita e Rosé (este último era peruano, e nos tornamos amigos).

Nosso amigo Faissal chegou de São Paulo em junho, e foi morar conosco para dividir o aluguel. O trabalho diário de pedalar por horas seguidas aquelas bicicletas não era fácil, ainda mais se os passageiros fossem pesados. No início, ainda fora de forma, eu acordava com o corpo todo dolorido. Mas, depois de alguns dias pedalando, o corpo se acostumava, e, depois de alguns meses, aos vinte anos de idade, devo ter alcançado a melhor forma da minha vida.

Passávamos noites e noites trabalhando, e não podíamos ficar nenhuma sem trabalhar, porque senão aquele dinheiro diário que entrava já faria falta. Apesar de ser um trabalho que exigisse disposição e esforço físico, no dia seguinte era gratificante – acordar no Havaí com a sensação de missão cumprida. O dinheiro que eu levantava no trabalho significava a minha permanência no paraíso, e todo dia à tarde eu ia de skate até o banco para depositá-lo e garantir o próximo aluguel. O trabalho começava às sete da noite e ia até às duas horas da manhã. Existia um ponto de *pedicabs*, e muitos brasileiros ficavam por lá contando histórias. Eu preferia ficar circulando, e fazia uma média de 30 a 100 dólares por noite. A rotina era acordar umas dez horas da manhã, comer alguma coisa e dar uma olhada no mar, que sempre estava pequeno. Depois ia até o banco, e, à tarde, era a hora de surfar. Nós sempre surfávamos na bancada de Pops, que fica em frente ao Hotel Sheraton. Mesmo que o mar estivesse bem pequeno sempre dava para dar uma surfada todo dia. E ali sempre se reuniam alguns brasileiros na água.

Passei por alguns apuros durante as noites com alguns malucos da cidade. Mas, sempre com sabedoria, me safei de todos... Foi uma grande lição de vida ganhar nosso sustento trabalhando na rua como *pedicab*.

AO LADO DE UM *PEDICAB* RÚSTICO, SUMATRA, 1985.

Uma dessas situações adversas que vivi aconteceu bem tarde, quando eu voltava de uma corrida até o ponto dos *pedicabs*. Assim que parei minha bicicleta em um sinal vermelho, apareceu um havaiano bêbado atravessando a rua e foi logo se sentando no meu *pedicab*. Ele só disse:

– *Take me home, brah!...*

Quando perguntei onde morava, ele respondeu que era num lugar fora de Waikiki. Pensei rápido: é fria!

Além de já saber que ele não iria me pagar, eu também já sabia que não era permitido sair de Waikiki com um *pedicab*. Eu nem pensei em explicar isso para ele, e sim em como iria me livrar daquele maluco. Quando o sinal abriu, atravessei a rua e tive a brilhante ideia de estacionar a bicicleta no ponto designado aos *pedicabs*. Desci da bike, naturalmente passei o cadeado e peguei a minha licença. Então, eu disse:

– *I'll be back soon...*

Saí andando e, com a bike trancada, sabia que acabava de me livrar de uma encrenca. Fui até o McDonald's comer um sanduíche, e quando voltei fiquei no final da rua só observando o havaiano sentado na minha bike. Depois de um bom tempo esperando, eu o vejo olhando para os lados me procurando. Olhou, olhou e quando percebeu que eu não iria mais voltar, se levantou e foi embora.

Mas as doideiras não paravam. Numa outra ocasião, um jovem turista norte-americano subiu no meu *pedicab* e pediu para eu lhe mostrar a cidade. Andei com ele por uma meia hora e, no final, quando o deixei na porta do seu hotel, ele me disse que não tinha dinheiro para me pagar.

Não tem dinheiro? É?! Fiquei doido. Eu não estava para brincadeira! Estava dando sangue, gastando meu suor, e esse cara me tirando? Fiquei bravo!

Tranquei a bike e subi com ele até o quarto, determinado a dar uma geral nas coisas dele até achar o dinheiro. No quarto, procurei pelas mesas e gavetas, mas nada. Mas eu não ia deixar barato... Abri o armário e peguei um terno, que estava passadinho. Levei comigo aquele terno como garantia, e na saída falei:

– Amanhã você passa no ponto para me pagar, são vinte dólares, e eu te devolvo o seu terno, ok?

Mas o cara não apareceu, e o terno acabou ficando comigo. Eu não usava terno, e nem era o meu número. Mas depois o terno me serviu como capa do banco do carro, que eu usava para sentar em cima quando estava com roupa seca, depois de sentar molhado no banco do carro após o surfe..

Certa vez conheci um havaiano chamado Rick Lendhal. Ele estava no ponto do *pedicab*, porque também era *pedicaber*. Naquela noite ele estava convidando alguém para ir surfar com ele após o trabalho, ao amanhecer. Ele dizia que o pico de Kaiser's Bowl estava dando boas ondas, e naquele horário não haveria ninguém. Ao ouvir aquilo e ver que ninguém se manifestava, me prontifiquei a ir com ele. Não havia muitos surfistas *pedicab*, talvez só os brasileiros. Ele ficou surpreso quando concordei, porque nós não nos conhecíamos. A única vez que havíamos nos encontrado foi saindo da garagem dos *pedicabs*, quando ele me chamou a atenção e me deu uma dura. Eu havia pisado na bola com uma gringa, porque com aquela fartura de brasileiros e falta de *pedicabs* para alugar, logo que cheguei, uma amiga gringa dele que eu conhecia de vista se ofereceu para eu alugar a bike dela à noite. Nesta noite não consegui fazer dinheiro, mas continuei tentando na manhã seguinte e me atrasei para devolvê-la. Ela não gostou, e foi reclamar com ele, que veio me dar uma intimada nesse dia. Mas, segundo ele, eu o surpreendi porque me desculpei. Na verdade, eu tinha dado essa "pisada na bola" porque estava desesperado e me vi com menos de cem dólares na conta. Estava querendo fazer algum dinheiro e, por consequência, tudo que consegui ganhar com a bicicleta naquela manhã, fazendo a coisa errada, perdi junto com minha carteira na sequência, porque nunca me dei bem fazendo coisas erradas... Eu sempre paguei imediatamente! E desta vez foi cruel. Mas foi uma boa lição.

Assim, quando terminamos o trabalho naquela noite, fomos juntos guardar as bicicletas. Depois passei em casa e peguei minha prancha. Fui encontrá-lo no seu apartamento, que ficava no quadragésimo andar. Eu sou acostumado a apartamento alto, pois o do Guarujá é no décimo nono andar. Mas o quadragéssimo andar é um absurdo de alto! Seguimos andando pela rua, ainda de noite, até o Hilton Hotel, que fica bem em frente ao point de Kaisers.

Caímos na água enquanto ainda estava clareando, e fomos os primeiros a surfar naquela manhã. O mar estava bom, com ondas fortes e tubulares de um metro. Deu para pegar boas ondas. Rapidamente o mar já encheu de surfistas, todos com cara de sono. E nós dois virados da noite sem dormir, começava a bater o cansaço. Surfei com o Rick em algumas outras ocasiões, e em uma delas fomos até China Walls, que é um *secret*. Altas ondas, lembrando até Uluwatu. E fomos nos tornando bons amigos. Durante esse verão em Waikiki eu pude participar de dois campeonatos locais. Um deles em Ala Moana junto com o Faissal. Nessa ocasião foi possível surfar aquela onda, porque em qualquer dia normal é o pior crowd do Havaí, com os mais periculosos dentro da água. O outro campeonato que participei foi num point chamado Big Rights, e lá o mar estava muito bom. Big Rights fica um pouco longe de Waikiki, em frente ao Ala Moana Shopping Center. Eu fui com o Rick, de *pedicab*. Um pedalava e o outro ia atrás segurando as pranchas. Apesar de Rick ser havaiano, ele não era conhecido pelos locais. Quando chegamos lá, ainda mais num *pedicab*, os locais nos estranharam. Eles não gostavam de *pedicabs* porque a grande maioria era haole (americanos de outros lugares dos Estados Unidos) trabalhando lá. E eu queria mesmo era trabalhar com surfe, porque mesmo naquela profissão de motorista de bicicleta, existe uma panelinha assim como em todos os setores. E se fosse para ser respeitado em alguma atividade, que seja na atividade em que eu me identifico, que é o surfe, e não bicicletas.

Então decidi que era o tempo de investir no que eu realmente queria, e me imaginei fazendo pranchas. Comecei a poupar dinheiro para comprar uma plaina. Se era para ser profissional, que eu me tornasse um fabricante de pranchas. Depois que adquiri essa plaina, aos poucos, fui comprando os demais acessórios. Adquiri o surform, as lixas-redes, a trena e o ratinho de abaixar a longarina. Com todo o equipamento em mãos, o próximo passo era aprender a shapear, já que a minha experiência com estes instrumentos era zero. Então resolvi, na cara de pau, bater na porta da fábrica do cara mais black trunk de Waikiki, o Ben Aipa. Na minha inocência, só porque eu havia comprado as pranchas dele com meu avô no verão de 1976, eu pensava que ele poderia me ajudar. Mas, infelizmente, alguns havaianos são muito gente boa, outros nem tanto... E essa minha ousadia em pedir pra ele não funcionou. Escolhi o cara errado. Ele se negou a me ensinar e ainda me disse sarcasticamente:

– Oh yeah, for sure there's a lot of people that would like to learn how to shape too!

E ainda perguntou, por eu ser brasileiro, se a imigração sabia que eu estava por lá... Ele não foi nada amigável, e eu me senti um haole mesmo.

Naquela tarde ele estava se preparando para ensinar um japonês a shapear, que provavelmente era um representante das suas pranchas no Japão. O Brasil dos anos 1980 só era conhecido por piratear as marcas gringas, além dos apliques que alguns brasileiros já haviam aprontado por lá. Mas, mesmo assim, ele me deixou ficar olhando pela janela, contanto que não perguntasse nada. E eu fiquei ali, assistindo por aquela janelinha, mesmo sabendo que eu não era bem-vindo por lá. Mas, enfim, observei-o trabalhando com a plaina e os acessórios, assimilei como era a sequência para se fazer uma prancha e sumi dali.

Depois disso precisava fazer o meu primeiro shape. Mas tinha que arrumar um lugar, e com certeza não seria com Ben Aipa. Por acaso me encontrei em Waikiki com um havaiano de Sunset, o John. Ele fazia pranchas, e me deu o toque de que era possível alugar uma sala de shape no Haleiwa Surf Center, no North Shore.

Logo me programei e fui até lá de ônibus, levando comigo o meu equipamento. No caminho comprei um bloco na Clark Foam, em Wahiawa. Chegando no Haleiwa Surf Center, que fica bem na frente do point de Haleiwa, um gringo-havaiano chamado Skill Johnson, muito diferente do Ben Aipa, foi quem me atendeu. Tranquilamente ele me alugou a sala por cinquenta dólares. Quando entrei na sala de shape senti que aquilo era um mundo totalmente inexplorado para mim. Seria um novo desafio e comecei a apanhar da plaina. Quando o Skill percebeu que eu estava tomando o maior "baile" da plaina, foi me ajudar. Pegou a plaina da minha mão e suavemente passou no bloco tirando camadas certinhas. E ainda falou:

– *That's the way to do it, dude!*

E ele fazia aquilo parecer muito fácil, mas quando eu pegava na plaina, não tinha a mínima habilidade. Já sabia que teria que aprender muito, e passei aquela tarde ralando o bloco. Acabei ralando no surform mesmo, da forma manual e primitiva. Depois de quatro horas de trabalho, ainda não havia terminado. Estava todo suado e cheio de pó, e encerrei com um mergulho no mar flat havaiano de verão. Levei o meu primeiro shape inacabado para casa, mas, antes de partir, ainda tomei uma chuveirada no Beach Park e fui para o ponto do ônibus esperar o Wahiawa-Circle Island. Em setembro, quando a temporada de inverno de surfe no North Shore já estava começando, eu, o Totó e o Rick dividimos um carro da marca Mazda, e nos mudamos para um estúdio no North Shore, que ficava no morro em Pupukea.

O dono da casa era o chefe dos bombeiros do North Shore. Ele tinha um filho chamado Kavehi, que tinha apenas dezoito anos e era black trunk. Mudamos eu, o Totó e o Rick, e o Faissal foi morar na casa do Mark Foo. Nós continuamos trabalhando em Waikiki, mas para morar ali era preciso fazer um bate-volta todo dia. Nós então surfávamos todos os dias em Laniakea, que dava ótimas ondas, e à tarde saíamos rumo a Waikiki.

Laniakea, com o Mazda no North Shore, setembro de 1983.

Um belo dia pela manhã, na casa de Pupukea, escutei, ainda na minha cama, conversas, risadas e um barulho incessante de tesouras cortando alguma coisa. Quando saí da casa, vi uma caminhonete estacionada com a caçamba cheia de plantas. Kavehi e sua turma estavam dando um trato nas plantas. Aquele era o dia da colheita da plantação de pakalolo e a safra deles estava gorda!

Quando estávamos no North Shore, em novembro, participei do campeonato Pro Class Trials, em Sunset Beach. Este campeonato-triagem era para selecionar dez finalistas que ganhariam o convite para participar dos outros campeonatos, que formavam a Tríplice Coroa Havaiana. E, para a nossa alegria e minha surpresa, terminei o Pro Class Trials na sétima colocação, empatado com Mark Foo e Mark Liddell – que eram os meus ídolos das revistas!

EM AÇÃO DURANTE O SUNSET BEACH PRO CLASS TRIALS, 1983.

Estavam na competição Buttons, Mark Liddell, Derek Ho, Marvin Foster, Mark Foo e Titus Kinimaka. O campeão foi o local Fielding Benson.

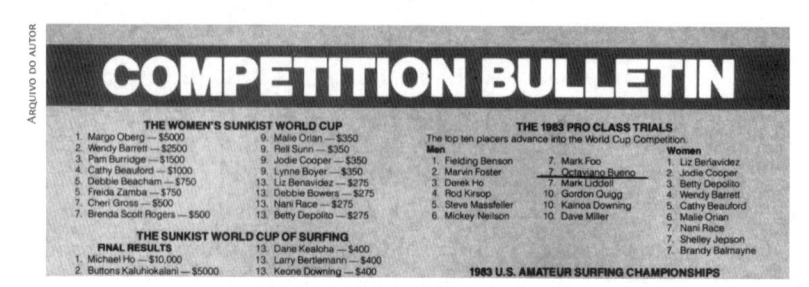

RECORTE DA REVISTA *SURFER*, 1983.

Com vaga para outros campeonatos, participei novamente em Sunset, no Sunkist World Cup. Depois foi a vez do Pipemaster. Só que nesse campeonato aconteceu um acidente trágico, e eu surfei traumatizado. Pouco antes da minha bateria, um surfista chamado Steve "Beaver" Massfeller caiu na base da onda e rodou com ela até bater a testa no coral. Ele foi resgatado desacordado e depois levado para o hospital de helicóptero. Beaver sobreviveu, mas ficou em coma por um tempo. O clima na praia ficou tenso depois desse drama, e eu surfei naquela bateria totalmente assustado. Depois que o período dos campeonatos terminou, eu ainda fiquei surfando no Havaí até janeiro de 1984. Morei em Velzyland numa casa com o Almir Salazar, o Cinira e o Alemão do Pernambuco, até regressar ao Brasil. Para finalizar o clima em Pipeline, Alex von Geritchen, conhecido por Alemão do Pernambuco, surfando em Pipeline conosco, tomou uma pranchada na costela e o bico da prancha perfurou o seu pulmão. Foi um drama. Ele sobreviveu e fomos visitá-lo no hospital. Confesso que sempre respeitei, e muito, a onda de Pipeline.

BANZAI PIPELINE, 1989. CONQUISTANDO O MEU SONHO E VENCENDO O MEDO.

Surfe profissional

Em janeiro de 1984, voltei para São Paulo depois de passar mais de um ano fora do Brasil. Havia uma nova loja de surfe chamada Pacific Shore perto de casa. Fechei um acordo para representá-los, participando dos campeonatos pela marca deles. Depois que os donos, Silvio e Geraldo, ficaram sabendo que eu "fabricava" pranchas, resolveram montar uma fábrica nos fundos da loja. Então criamos uma equipe de trabalho, onde eu era o shaper, Zeca, o glasser (resina), e o Eddie Picollo fazia o acabamento. Hoje os meus dois parceiros continuam trabalhando como grandes fabricantes de prancha.

Loja da Pacific Shore.

Como eu tinha muito pouca experiência como shaper, mas muita vontade, fui até a Squalo do Paulo Issa para ver se aprendia algo mais. Chegando lá fui muito bem recebido pelo Alexandre Morse, que era o shaper, e me deu uma ótima aula prática de como plainar a espuma, que era o meu "fantasma".

O meu dia em São Paulo começava com a faculdade (Direito, na PUC) de manhã. Depois do almoço eu passava as tardes na loja fazendo as pranchas. A arte de fazer a minha própria prancha sempre me fascinou. Além deste trabalho, que me fazia bem à alma, eu comecei a me preparar fisicamente na academia. Minha prioridade sempre foi surfar, e, se um dia eu conseguisse surfar bem com a minha própria prancha, teria conquistado a minha meta. Malhando toda noite na academia e surfando nos finais de semana eu mantinha o nível. Mas sempre quando era possível eu fazia um bate-volta durante a semana, com a desculpa de estar testando as minhas pranchas. Em São Paulo, se você vai para praia, as pessoas imaginam que você está indo descansar. Essa mentalidade era ainda pior nos anos 1980. Em julho daquele ano venci o Campeonato Brasileiro de Ubatuba. Estava determinado e preparado, mas foi uma vitória inesperada. O evento foi uma maratona, pois tinha um total de 240 surfistas inscritos de todas as partes do Brasil. E foram muitas fases até chegar à final. No último dia, as ondas estavam bem grandes em Itamambuca. Acabei vencendo pela experiência no Havaí, por estar bem preparado e por ter uma boa prancha.

Anúncio da Pacific Shore publicado em revista.

É claro que Deus me ajudou, porque nenhuma conquista vem sem ser determinada por Ele.

PÓDIO EM UBATUBA, DA ESQUERDA PARA A DIREITA: GUGA, CAULI, EU, GUGU DE CABO FRIO E PAULO JOLY ISSA.

A consequência dessa vitória foi chamar a atenção da mídia e dos patrocinadores, e assim poder tentar viver como surfista profissional. Porém, o surfe como esporte profissional era muito precário naquela época. As premiações eram pequenas e os patrocínios eram pífios. Ser surfista profissional não era uma escolha por um retorno financeiro, e sim por um caminho inconsequente, uma escolha movida pela paixão e pela possibilidade de poder surfar todo dia.

Ser surfista profissional e morar em São Paulo era bater de frente com todo o sistema. A mentalidade do paulistano era estudo e trabalho. Não foi fácil fazer os meus pais entenderem a minha escolha. Afinal, eles investiram em mim a vida toda me colocando no melhor colégio. No mínimo eu deveria me formar numa boa faculdade para honrá-los. Mas esse "vício" pelo prazer de deslizar nas ondas, de surfar um tubo, de sentir a adrenalina das competições e um frio na barriga ao pegar uma lycra antes da bateria, e principalmente ter a possibilidade de viajar e surfar as melhores ondas do planeta, mudou o rumo das coisas. Como eu estava vivendo um bom momento depois daquela vitória, não pensei duas vezes.

CAPA DA REVISTA *FLUIR* APÓS VITÓRIA EM UBATUBA, 1984.

    Parei a faculdade e fui morar no Guarujá. Decidi que era o momento de tentar participar do circuito mundial, e me preparei para ir no ano seguinte. Nesse ano ainda venci um campeonato universitário, que também me rendeu uma passagem para Fernando de Noronha, que troquei por dinheiro. Juntando as premiações e mais o dinheiro das pranchas, eu poupava o máximo que podia e ia comprando dólares. Arrumei apoio de uma agência de viagens, a Travel Experts, do Piva Imparato. Em parceria com a extinta companhia aérea Pan Am, consegui comprar a passagem pela metade do preço. Mas na minha passagem havia buracos nos trechos, e teria que comprar alguns. Somente seria possível participar de todo circuito caso eu conseguisse obter bons resultados. Então, embarquei para uma missão incerta, acreditando nos resultados.

O início da jornada começou na Austrália, onde aconteceriam três campeonatos. O primeiro era em Burleigh Heads, e os imprevistos surgiram antes mesmo do campeonato começar. Na véspera do evento, constatei que não estava inscrito, e só consegui a vaga porque meu amigo Dardal me cedeu a dele. Surfei na competição, e para constatar que não seria fácil a missão, não consegui passar nem a primeira bateria. Terminado o campeonato, fui de ônibus para o próximo, que aconteceria em Sidney. Havia outros brasileiros, todos do Rio, que também estavam na luta: Bocão, João Mauricio, Marcelo Boscoli, Pedro Muller, Pedro e Joca Secco, Ianzinho entre outros. O campeonato seguinte aconteceu na praia de Cronulla, ao sul de Sidney. As ondas, no lugar onde aconteceria o campeonato, no meio da praia, estavam horríveis. Para piorar, o mar estava cheio de água-vivas, do tipo caravela. E estas quando queimam é caso de hospital. Eu mal conseguia deslizar naquelas condições, e quase desisti de pagar a inscrição, que era cara. Mas, como estava numa missão, me inscrevi. Sem conseguir surfar e frustrado, perdi novamente. Embarquei em outro ônibus para o próximo, em Bells Beach. Era minha última chance, pois caso fracassasse eu teria que repensar os meus planos.

Mas, dessa vez, na praia de Bells, estava dando boas ondas. Comecei bem, e estava avançando as fases da triagem. Cheguei na fase decisiva, a que separa os trialistas do dinheiro. Infelizmente perdi, e naquele tipo de decisão duvidosa 3x2. A minha missão-Austrália havia falhado. A partir daí, não iria me aventurar até o Japão para gastar o que ainda tinha de dinheiro numa competição triste como esta. Desanimei totalmente e decidi não continuar o circuito. Fui a uma agência de viagens em Sidney e consegui trocar o trecho Australia-Japão-Inglaterra por Austrália-Bali-Califórnia. Sabendo que o meu irmão estava morando na Califórnia, aproveitei para pegar as boas ondas da Indonésia e depois me viraria de alguma forma na Califórnia.

Embarquei para a boa vibração do calor de Bali. O inglês Martin Potter desistiu de competir no Japão, e também foi para lá. Ele embarcou no mesmo avião que eu, e juntos fomos até Uluwatu, onde encontrei meus amigos Cinira e Zecão. Foi a maior festa e alegria encontrá-los, porque agora eu sabia que seria só alegria! O Martin Potter pirou com a galera, e ficou conosco, nos inspirando com o seu surfe de top 5 do circuito mundial da época. Passamos quatro semanas surfando altas ondas todo dia e, ao lado do Potter, foi uma grande evolução. E como todos nós estávamos com motos alugadas, à noite íamos em baladas. Por sorte tudo deu certo.

DA ESQUERDA PARA A DIREITA: CINIRA, IANZINHO, MARTIN POTTER, JOÃO MAURÍCIO, EU E ZECÃO.

Quando embarquei para a Califórnia, apesar da mudança dos planos, eu estava feliz. Senti que o mundo de competições não era fácil e que o ambiente era hostil. Custos altos, ondas ruins e a pressão negativa dos gringos não foram fáceis. E o pior: ter que pagar para passar por isso. Preferi viajar para surfar boas ondas, e fiz a escolha certa.

Surfar as melhores ondas nas bancadas de coral com água transparente: isso sim é tudo para um surfista. O real espírito do surfe é compartilhar com os amigos essas ondas de classe mundial. Isso é tudo o que vamos levar desta vida do surfe nas nossas almas.

GRAJAGAN, 1985.

Ao chegar na Califórnia, fui acolhido pelo meu irmão no aeroporto de São Francisco. Para não voltar para o Brasil, trabalhei entregando pizzas em Monterrey, cidade na qual o Totó estava instalado. Nessa cidade eu surfava na praia de Carmel, e algumas vezes em Asilomar. Tinha muito medo de Asilomar, porque um ano antes um surfista havia sido atacado fatalmente por um tubarão.

Em setembro participei de duas competições do circuito: o Stubbies, em Oceanside, e o OP Pro, em Huntington Beach.

Embarquei em outubro para o Havaí, onde participei de mais dois campeonatos. Totalizei sete campeonatos do circuito mundial naquele ano. Passei algumas semanas no Havaí, e era sempre ali que eu me sentia melhor surfando.

Quando voltei para São Paulo, retornei à velha faculdade de Direito da PUC. Cursei seis meses, mas não aguentei mais morar em São Paulo. Então fiz a transferência da faculdade para Santos. Ainda estava no início do curso, desta vez Economia, quando o surfe profissional brasileiro começou a se estruturar. Quando ia acontecer o Circuito Brasileiro de Surf Profissional, em 1987, abandonei definitivamente a faculdade.

Praia da Silveira, em Garopaba, durante o campeonato Mormaii de 1988.

O meu tempo era dividido entre as oito etapas do circuito brasileiro e algumas viagens pelo mundo, competindo na Europa, África do Sul e no Havaí, no final do ano.

BACKDOOR, HAVAÍ.

    Eu também focava na fabricação das pranchas. Passei a fazer apenas as minhas próprias pranchas, porque o meu sonho era surfar bem com elas. Esse trabalho virou artesanal, uma terapia sem compromissos. Devo ter feito umas oitenta pranchas no total, e testei cerca de quarenta delas. O Alemão de Maresias teve algumas das minhas pranchas, assim como o Jorge Pacelli e o Sylvio Mancusi.

    Desde a primeira vez que fui para o Havaí com o meu avô, em 1976, o surfe me levou para diversos cantos do planeta. Foram dez temporadas no Havaí, cinco viagens para a Austrália, três para a Europa, uma para o Peru, duas para a África do Sul, cinco para a Indonésia, além das inúmeras viagens para diferentes partes do Brasil. Fui até remota e isolada ilha da Trindade em 1986, que é uma base da Marinha brasileira. Embarcamos a bordo de um navio da Marinha, e a equipe promovida pela *Revista Fluir* era composta por: Amaro Matos, Bruno Alves, Alberto Sodré (Cação), Xan, irmão do Romeu Andreatta, e eu. A ilha é situada na linha do litoral do Espírito Santo, a 700 quilômetros de distância da costa brasileira. É muito pequena, uma rocha preta no meio do oceano Atlântico, com muita vida marinha e uma montanha de uns 700 metros de altitude. Era tão bizarro o ambiente, que havia cabras pastando no meio da montanha, a 500 metros de altura, e siris lá no alto. Acho que eu e o Amaro fomos os primeiros a surfar lá.

Com Amaro na ilha de Trindade.

Além de navio, fiz outras duas viagens de barco. Uma foi para Fernando de Noronha com um veleiro, partindo de Natal. Pegamos altas ondas, mas a viagem foi sofrida.

Com Zecão Boldro em Fernando de Noronha.

Outra viagem memorável de veleiro foi para Grajagan, em Java. Partimos de Bali, e pegamos uma tempestade muito perigosa na ida. O vento ficou tão forte que as duas velas maiores estouraram, e o barco não tinha motor. Todos ficaram mareados naquela noite, porque o barco balançava muito. Foi um terror em alto-mar, com chuva, vento e raios. Quando ficamos sem as velas, eu só escutei o capitão gritar:

– *Oh my God!*

Aquilo não era um bom sinal, mas, no final, deu tudo certo! No dia seguinte, já ancorados em frente à G-Land, o enjoo só passou quando fomos surfar. E deu altas ondas!

Também fiz uma viagem para Nias, na Sumatra. Era muito deserto por lá durante os anos 1980, e a malária rolava solta. Ficamos em barracos eu, Zecão, Cinira, Dardhal, Babalu e Cação. No início deu boas ondas, mas, quando o mar abaixou, não havia nada para fazer, e não dava para voltar. Esperamos dois dias, como combinado com o nosso transporte, e assim partimos.

BARRACO EM NIAS, SUMATRA.

Durante as dez temporadas que passei no Havaí, pude conviver com diversas pessoas. Sempre havia os cariocas, alguns surfistas do Sul e do Nordeste do Brasil. Mas também havia uma turma de peso e, excluindo o Zecão, a maioria surfava no Guarujá: Murilo e Xan Brandi, Jorge Pacelli, Fernando Firpo, Anésio, Totó, Gui Mattos, Plinio e Sandro, Edu Bahia, Andre Nastas, Sérgio Pudi, Faissal, Cinira, Gimenez, Picuruta, Almir e provavelmente outros mais. O Havaí foi o lugar onde surfei as melhores ondas, junto com a Indonésia.

DA ESQUERDA PARA A DIREITA: ERALDO GUEROS, ANÉSIO AMARAL, EU E CARLOS BURLE, EM SUNSET BEACH, HAVAÍ, 1988.

Tive a oportunidade de viajar bastante, e, no Brasil, a mídia me acompanhava. Fiz muitas viagens com as revistas, e os fotógrafos eram bons amigos. Depois do meu título brasileiro, que funcionava como cartão de apresentação para as empresas, sempre apareci na mídia. E agradeço de coração a todas as empresas que acreditaram em mim durante minha vida como surfista.

"O PAULISTANO MAIS PRAIANO", ENTREVISTA PARA A *HARDCORE*, 1991.

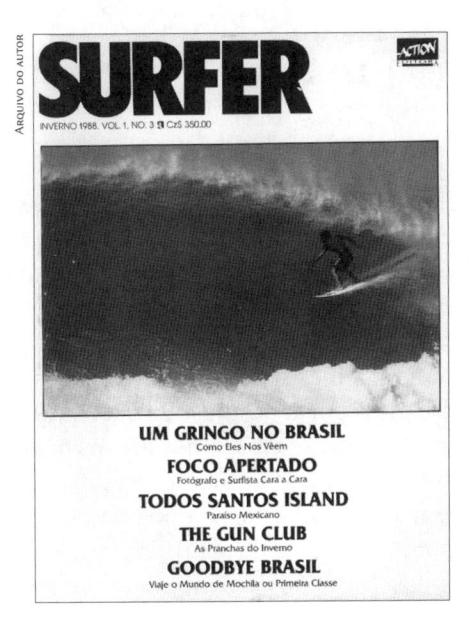

CAPA DA REVISTA *SURFER*, 1988.

ABUSANDO EM PAÚBA, ANÚNCIO PARA REVISTA, 1990.

Surfando, o mundo para mim se tornou um enorme parque de diversões...

Desert Point

Éramos um grupo de amigos competindo as etapas do circuito mundial pela Europa em agosto de 1991. Quando terminaram os campeonatos, pegamos nosso dinheiro da premiação e mais o das pranchas vendidas, que eram bem caras e que conseguíamos na França, e embarcamos para Bali. Estavámos eu, Magnus, Zecão e Burle quando partimos para o que seria, principalmente para mim, a inesquecível e última aventura na Indonésia.

Todos nós estávamos com a mesma intenção, que era surfar altas ondas. Chegando a Bali, como sempre, encontramos alguns brasileiros por lá. Depois de surfar por vários dias em Uluwatu, embarcamos para um lugar mágico chamado Desert Point, que fica na ilha vizinha de Lombok. Eu ainda sonhava em surfar aquela onda, porque já havia ido até lá duas vezes e nunca havia presenciado a quebra das ondas. Nesta época a internet praticamente não existia. Na viagem também foram conosco o Beto Nóbrega e o Evandro, dois caras de São Paulo que encontramos e ficamos amigos em Uluwatu.

EM ULUWATU COM CRIANÇAS, 1991.

Quando chegamos à ilha de Lombok, um local se ofereceu para nos levar até Desert Point. Além do transporte, ele se propôs a fazer nossa comida e nos dar assistência. Seriam alguns dias apenas, e nós fechamos com ele. Antes de partir, ele pegou algumas panelas na sua casa, e depois compramos os mantimentos no mercado. Seguimos para Desert com todos a bordo em seu carro e munidos com barracas.

Chegamos lá e o visual era fantástico. As ondas lembravam os meus desenhos na aba do caderno. Era muito perfeito, longo e tubular. Após esse meu encontro impactante com a perfeição, corri como um doido gritando em direção a Point. A cada passo eu ficava mais fissurado ao ver ondas de dois metros intermináveis, perfeitas e com muitos tubos.

Apressei-me em preparar a minha única prancha, uma Pat Rawson 6'5" que eu havia comprado de um havaiano em Bali. Com essa prancha me sentia confiante, ela era mágica! Saí pisando nos corais da entrada e, quando deu, saí remando para o fundo.

Eu estava muito afim de surfar também uma daquelas ondas incríveis, e confesso que me exaltei remando para baixo do pico.

Já havia alguns brasileiros surfando, e eu, na ansiedade, me posicionei mais para o raso, para pegar logo minha primeira onda.

Mas, antes que isso acontecesse, uma enorme série levantou lá fora. Eu remei para o fundo com todas as minhas forças porque estava atrasado e, quando aquele paredão azul de oito a dez pés de Oceano Índico quebrou na minha frente, larguei a prancha e mergulhei.

Logo que a onda passou, a minha cordinha esticou, e quebrou como um barbante. Eu já imaginava que teria que nadar. Mas quando submergi e olhei por trás daquela onda avassaladora indo para praia, visualizei metade da minha prancha pulando na espuma.

Não acreditei! A minha única prancha estava em dois pedaços.

Saí nadando afetado, e fui andando, pisando nos corais, procurando a outra metade da prancha. Mas aquela prancha já era, e o Evandro me acalmou ao me emprestar uma de suas pranchas. Eu não poderia ficar só olhando aquilo, e devo muito da minha alegria do surfe em Desert a ele.

Ficamos instalados em barracas, bem em frente às ondas de Desert. Ali nós conhecemos o brasileiro Paul Miller, natural de Recife, mas que morava seis meses do ano por lá e conhecia bem a onda. O Beto Santos e alguns outros brasileiros, cujos nomes não consigo mais me lembrar, também compartilharam aquelas ondas.

Certa manhã, o mar começou a subir. E de tarde, nesse mesmo dia, as ondas ficaram bem grandes. Na manhã seguinte o mar amanheceu perfeito, e surfamos alguns bons dias.

O PERFEITO DESERT POINT.

As ondas eram longas, tubulares e abriam... O lugar era realmente deserto, e não havia nada nessa época. Quando alguém tinha a felicidade de pegar uma onda, ela proporcionava verdadeiros passeios. Jornadas longas por dentro dos tubos, tubos de seis, oito segundos ou mais. Experiências que nunca havia vivido antes.

E eu aprimorei a técnica de entubar de backside. O Carlos Burle, que cresceu entubando no reef de Serrambi, estava dando show nos tubos. E ele me passou a técnica! Eu apliquei em tubos que nunca mais esqueci... E parti daquele lugar mágico, pronto para me posicionar no tubo de Pipeline em poucos meses.

De volta ao Brasil, comecei a treinar jiu-jitsu com o mestre e amigo Marcelo Behring. Fui até Recife em outubro, e participei de uma etapa do circuito brasileiro. Na semana seguinte todos nós estávamos no Rio de Janeiro para participar do mundial, o Alternativa Pro. Enquanto estive lá fiquei hospedado na casa do Roberto Casquinha, uma pessoa que me fazia rir muito. Depois de uma semana de competição, a próxima parada seria o Guarujá, na minha casa. Alguns se hospedaram no meu apartamento, porque é grande e no pico. Ficaram em casa Roberto Casquinha, Tony Ray, Mark Sainsbury e Mariano Tucati. E todos nós estávamos focados na competição que iria começar no dia seguinte, o Hangloose Pro 1991.

Um dia estranho

Eu estava em pleno campeonato mundial no Guarujá, o Hang Loose Pro. Foi uma pena perder logo na segunda bateria, no início do campeonato. Acordar desclassificado durante um campeonato naquela sexta-feira me incentivou a fazer uma busca por ondas até Maresias. Foram comigo mais dois surfistas, que também já estavam desclassificados, Tony Ray e Mariano.

HANG LOOSE NO MALUF, 1991.

Então partimos para Maresias, e o Casquinha (RIP), que também estava fora, se mandou de volta para o Rio. Só ficou em casa o Mark Sainsbury (RIP), que ainda iria competir.

Eu sempre pensava que existiria um próximo campeonato na semana seguinte, então não estava preocupado em assistir às fases decisivas.

A praia de Maresias fica exatamente a 100 quilômetros de distância, ao norte do Guarujá. É a praia mais importante do município de São Sebastião, e o lugar onde quebram as melhores ondas de São Paulo, talvez até do Brasil.

MARESIAS, 1988 (*REVISTA FLUIR*).

    Sempre gostei de surfar em Maresias. É a praia que me ensinou o que é uma onda perfeita, e como pegar um tubo.
    Mas, antes de partir, olhei pela janela do apartamento e fiquei observando um gringo indo surfar ali mesmo. Cheguei a pensar: "Não seria mais simples eu também surfar aqui?".
    Sem dúvida, mas não foi isso o que fizemos. A bordo do meu Gol cinza, partimos eu, Mariano Tucat e Tony Ray. Depois de uma hora de estrada

chegamos a Maresias. Saímos do carro para avaliar as condições. Observando as ondas, notei que elas quebravam em direção ao canto, pois havia uma forte correnteza em direção ao canto da praia.

MARESIAS, CANTO DO MOREIRA, 1986.

Eu gosto muito daquela onda de Maresias. No entanto, naquele momento, as ondas estavam ruins. Então voltamos para o carro e seguimos até a próxima praia, Paúba.

Chegando lá notei que as ondas quebravam com bastante força e bem próximas da areia. Apesar daquela praia nunca ter sido a minha onda favorita, pela facilidade de passar a arrebentação, às vezes, eu surfava lá. O mar estava pequeno, mas havia uma onda surfável ali. Sem perguntar nada para os dois, rapidamente me aprontei. Peguei a prancha e passei por eles em direção ao mar dizendo:

– Tchau... Tô indo...

E fui surfar, com a intenção de fazer uma rápida sessão, talvez só para molhar o corpo.

O acidente

Enquanto eu dava meus últimos passos, caminhando para o mar, uma onda quebrando chamou minha atenção. Ela estava quebrando mais perto da areia do que o normal. Achei bem diferente aquela proximidade da areia, mas não me importei. Segui em frente e mergulhei para surfar aquele mar, com ondas de um metro de altura.

Surfei uma boa onda logo de cara, e nela peguei meu primeiro tubo. Quando meus dois parceiros me viram pegar aquela onda, entraram rapidinho no mar. Havia algumas pessoas na água, talvez umas dez ou quinze. Eu surfei por mais de uma hora. Tony Ray foi o primeiro a sair e, quando olhei para praia, eu o avistei nos esperando.

Eu queria pegar uma onda decente, pois também já estava pensando em sair da água. Mas, nesse momento, começou a acontecer uma mudança de maré, e as ondas pararam de entrar. Esperei um bom tempo, sem pegar nenhuma. Pensei em sair remando, porque a praia estava bem próxima. Mas insisti, e fiquei ali esperando.

Quando remei para uma onda, um cara remou junto comigo. Disputamos a onda, mas ela não quebrou. Voltei para o fundo e aguardei a próxima. Quando ela apareceu, remei. E outra vez o mesmo cara remou comigo. Parecia que ele não sabia o que estava fazendo, e percebi que ele estava vacilando. Também não consegui pegar aquela onda. Mas quando pela terceira vez eu remei novamente e o mesmo cara remou também eu endoidei. E, para piorar, ele remou tão perto de mim que bati o pé na prancha dele.

No instante que senti aquela dor no meu pé, me exaltei e disse:

– Pô, seu maluco! Vai remar pra lá!

E eu me alterei... Era raro eu ficar nervoso na água, porque surfar sempre foi algo para eu curtir e me acalmar. Se fosse para tirar a agressividade, eu descontava sempre nas ondas, jamais nos outros. Porque, nas poucas vezes que esquentei a cabeça por atritos na água, algo de ruim sempre me acontecia. Uma vez quebrei a quilha da prancha e, em outra ocasião, tomei uma pranchada na cara. Ficar irado na água nunca deu certo comigo.

Depois desse incidente eu saí remando em direção ao canto da praia, para me afastar do crowd. Quando me afastei, apareceu uma onda que não aparecia faz tempo. Pensei: "É esta!".

Eu remei com tudo, e já entrei na onda atacando. Desci me posicionando para o tubo, mas não consigo me lembrar do que aconteceu depois daquela remada.

Eu não vi, não senti e nem sei como aconteceu...

Só me lembro de sonhar, não sei por quantos segundos. Enquanto estava submerso e desacordado, eu achava que estava dormindo na minha cama. Só acordei com o barulho das ondas que passavam acima da minha cabeça.

Quando voltei à realidade, percebi que estava boiando de bruços embaixo da água. Eu conseguia ver meus braços soltos e relaxados na água, mas não podia movê-los. Eu ainda não havia entendido nem percebido o que estava acontecendo. A única coisa que eu pensava é que era preciso sair dali. Mas sem poder me mexer, e sem entender o que estava acontecendo, eu somente observava...

Mas um anjo de Deus foi enviado naquele momento para salvar minha vida! Era um garoto que havia surfado a onda atrás da minha e, ao me avistar boiando, foi me socorrer. Ele me suspendeu da água, e eu pude respirar. O Fernando, conhecido como Dolas, estava no lugar e no momento certos para me salvar. Ele chamou por ajuda, e algumas pessoas se aproximaram e ajudaram a me retirar do mar.

Enquanto estava sendo carregado, eu escutava as conversas e a agitação das pessoas. Ninguém imaginava ou sabia o que estava acontecendo. Colocaram-me na areia deitado de costas, e eu ainda estava consciente. De repente, vejo o cara que havia remado comigo por três vezes passar na minha frente. Ele me olhou estranhamente e seguiu em frente.

Eu não estava machucado externamente, mas, deitado na areia, vi tudo escurecer. Comecei a me observar de cima do meu corpo. Eu assisti à cena daquelas pessoas em volta de mim, e percebi que aquele cara, deitado na areia, era eu...

A nova realidade

Eu estava vivendo um momento que algumas pessoas já descreveram ter vivido. Sentia-me desprendido do corpo e flutuando. A sensação era de estar pairando no ar preso por uma cordinha, como um balão. Pensei que o que me segurava ali era a cordinha de surfar, mas, depois, percebi que não, porque eu não estava usando uma. Tudo estava acontecendo com muita nitidez, e enquanto tranquilamente via as pessoas agoniadas, tentando me ajudar, eu conversava com alguém do meu lado. Lembro-me de olhar para meu braço notando a minha pele bronzeada. Eu estava me sentindo bem naquela situação, mas, de repente, comecei a escutar uma voz distante me chamando:

– Taiu. Taiu. Taiu...

Essa voz me lembrou da época em que meu pai me acordava de manhã para ir para a escola. De repente senti um alerta, e alguma coisa me disse:

– Acorda, Taiu, acorda! Você não pode dormir, Taiu!

E quando abri os olhos vi um rosto bem perto do meu. Era o Paulo Kid quem estava me chamando. Naquele instante senti medo de morrer, porque, voltando à realidade, percebi que estava bem próximo disso... E falei:

– Nossa, eu já estava indo...

Deitado na areia, comecei a notar que alguma coisa muito errada estava acontecendo comigo. Ao movimentar o pescoço, senti uma dor muito forte.

– Nossa! Acho que quebrei o pescoço...

E meu corpo deitado parecia de chumbo, além da sensação de um formigamento geral, não conseguia me mover.

– Meu Deus, Taiu! O que aconteceu?

Imaginei que deveria ser algo no meu pescoço, porque, pela dor, ele parecia estar quebrado. A dor era intensa, e eu me lembrei da dor que havia sentido quando quebrei a clavícula andando de skate.

O Paulo Kid me tranquilizou, dizendo que um surfista havia quebrado o pescoço ali um ano antes, e já estava recuperado e surfando novamente. Tentei manter a calma, mas estava difícil.

Eu não entendia nada sobre lesão neurológica e, infelizmente, fui aprender o que era isso ao sentir na própria pele.

E fiquei deitado esperando a ambulância chegar.

Existem certas ondas que, assim como algumas situações na vida, é melhor nunca remar!

O australiano Tony Ray precisava ir para o aeroporto. Ele arrumou uma carona para São Paulo, e veio se despedir. Falou comigo, e quando tentou me dar a mão, eu não consegui levantar o braço. Foi uma sensação horrível, porque já estava sentindo as consequências.

A ambulância só chegou depois de um bom tempo, e então fui levado ao pronto-socorro de Boiçucanga. Um médico da emergência me examinou, e o meu corpo estava cheio de areia. Eu ainda estava vestindo a roupa de borracha e, quando comecei a sentir frio, cortaram minha roupa e me cobriram com um cobertor.

Era sexta-feira, e havia alguns carros passando por ali em direção à praia de Maresias. O Jorge Pacelli e o Gui Mattos viram o meu carro estacionado na porta do ambulatório, e pararam lá para ver o que estava acontecendo. Eles entraram e foram conversar comigo. Tentaram me acalmar, e nem percebi quando o médico deu uma alfinetada no meu pé. Conversando com o Gui, o doutor já imaginava que eu poderia estar com uma lesão neurológica.

Escutei o médico falando para me levarem ao Hospital das Clínicas, mas ouvi o Gui gritando:

– Leve-o para o Einstein, o hospital é o Einstein! Levem ele para lá!

E fui para São Paulo na ambulância.

O hospital

A primeira pessoa que vi quando saí da ambulância foi minha mãe. Eu não posso imaginar o que ela estava sentindo ou pensando, mas fiquei mal por dar esse desgosto para ela. Mas a primeira coisa que eu disse foi:
– Fica tranquila, mãe, eu não vou morrer.

Mães pressentem as coisas, porque, um ano antes, cheguei em São Paulo, depois de ter surfado em Maresias e na Paúba, e comentei que estava com torcicolo, pois havia tomado uns caldos na Paúba. Na hora ela me falou:
– Nunca mais vá surfar nessa praia.

Mas eu não dei a devida importância para aquele sábio conselho.

Depois de passar pelo atendimento na emergência fui encaminhado para fazer uma bateria de exames. Passei por diversos aparelhos, e consciente via tudo. Constataram que havia uma lesão nas minhas vértebras cervicais C4 e C5, mas o pior era a lesão constatada na minha medula.

Os médicos não me contaram nada, mas eu já sentia que o que havia acontecido era grave. Ainda assim, eu tinha esperança.

O médico chamou meu pai e minha mãe para uma conversa reservada numa sala. Ele então revelou a realidade do estrago, e deve ter sido o pior momento para os dois. Havia um outro problema que era mais preocupante: uma das artérias principais estava sendo comprimida devido à pressão da vértebra, comprometendo o fluxo natural do sangue até a cabeça. Eu estava correndo perigo de vida, mas sobrevivi aquela noite.

A placa na porta da minha cabine na UTI dizia: estado gravíssimo.

Nos dias seguintes, muitas pessoas apareceram no hospital para obter alguma notícia. Eu fiquei feliz quando soube que havia muitas pessoas ali me dando suporte. É bom se sentir querido, mas não era preciso que eu chegasse a esse extremo para saber que as pessoas gostavam de mim.

Minha mãe ficava sempre ao meu lado, e um dia, a minha perna deu um pulo. Vendo a minha perna se mover, ela se empolgou. Mas a perna havia pulado sozinha, e o neurocirurgião nos explicou que aquilo era um espasmo. Espasmos são movimentos involuntários, e não significava que eu estava voltando a me movimentar.

Por causa dos espasmos, comecei a tomar um remédio tarja preta de manhã e à noite. O remédio anulava os espasmos, mas me deixava completamente sonolento. Eu não conseguia lembrar mais das coisas na manhã seguinte, e comecei a ter pesadelos.

O primeiro pesadelo que tive foi horrível, com choques de alta voltagem. Eu estava num quarto e não podia sair. Na porta havia várias pranchas elétricas, e os choques eram de alta-tensão. Eles faziam barulho e saía fumaça.

Também sonhei que estava andando pelo hospital cheio de tubos conectados. Dizia para todos que eu estava indo para o Havaí. Os sonhos pareciam realidade, mas o pior pesadelo começava mesmo quando eu acordava e me via naquele hospital repleto de aparelhos.

Não demorou muito até minha mãe chamar um padre para vir rezar por mim. O padre começou a manusear um terço. Notei que ele não parava de bocejar. Eu já imaginei que o padre estava "carregado". Comecei a perceber que o que ele estava fazendo era uma extrema-unção! E isso se faz quando alguém está prestes a morrer...

Tudo que eu precisava naquele momento eram palavras de vida. E senti raiva do padre fazendo um ritual como se fosse a minha sentença de morte. Para mim o perigo maior já havia ficado lá atrás, nas areias da Paúba. Desde o momento que entrei naquele hospital, sabia que iria sobreviver.

Eu desafiava a medicina, e pensava que todos aqueles médicos não sabiam nada. Quando o assunto é lesão medular, cada caso é um caso. E, no meu caso, eu sairia andando de lá.

Observava tudo o que acontecia ao meu redor. Podia ver os líquidos passando pelos canos que estavam enfiados nas minhas narinas. Nos primeiros dias eu via uma água suja com areia passando por um desses canos que saía do meu nariz, por onde eu era alimentado. A comida era um líquido cor-de-rosa chamado de dieta. Parecia iogurte. A bolsa da dieta ficava pendurada ao lado do soro.

Minha realidade era de total dependência para fazer tudo. A única coisa que eu podia fazer sozinho era pensar.

Eu não vi e nem me lembro do momento em que instalaram uma coroa de ferro na minha cabeça. Essa coroa servia para imobilizar o pescoço, além de descomprimir a lesão. Ela era de ferro e muito desconfortável. Junto dela eu estava vestindo um colete de gesso. E era feio ver seis parafusos cravados no osso da minha cabeça.

Quando vi no meu quarto um crucifixo enorme ao meu lado, com Jesus fincado na cruz, levei um susto. Um amigo havia deixado aquele crucifixo ali.

Ao observar a imagem de Jesus todo ensanguentado, notei a coroa cravada na cabeça dele. Talvez porque eu estivesse com uma coroa parecida, e por estar passando por um momento de reflexão, aquela imagem nunca mais saiu da minha cabeça. Esse episódio serviu como uma sementinha plantada no meu coração.

Eu me sentia como uma planta, porque tinha que ser cuidado todo dia. Além de não poder sair do lugar, tinha que ser suprido de água e comida. Depois de sentir muitas coceiras no nariz e não poder me coçar, comecei a forçar a língua, tentando alcançar o nariz com ela. Um dia eu consegui...

O respirador

A UTI é um lugar funesto, onde as pessoas lutam para sobreviver. A oficina da vida é o último lugar que alguém quer estar. Ali todos ficam deitados lado a lado, separados apenas por cortinas de plástico. O cenário é sombrio, com o incessante barulho dos aparelhos ligados. Um dia um paciente chegou em estado de paranoia, e dava gritos aterrorizantes.

Passei a ter muita calma nessa hora. Só que não há nada tão ruim que não possa piorar. Depois de passar três dias respirando somente pelo músculo do diafragma, minha força para respirar acabou. O músculo fadigou, e eu passei aquela noite com falta de ar, lutando para conseguir respirar. Ao lado da minha mãe, que segurava a máscara de oxigênio no meu rosto, eu respirava o ar que conseguia.

Sufocamento era a minha sensação, porque não conseguir respirar é a pior sensação do mundo.

Na manhã seguinte observei uma movimentação dos médicos e ouvi a seguinte frase:

– Vamos entubá-lo.

Pensei que eles estavam brincando, ou que era uma piada. Será que já não bastava o tubo em que eu havia me estrepado, e agora eles estavam com essa conversa? Eu poderia ficar entubado, mas fizeram uma traqueotomia.

Acompanhei consciente o trabalho do médico, senti a picada da anestesia e o trabalho do bisturi. A traqueotomia é uma válvula que é instalada no pescoço. Nela fica conectado um tubo, e é por ali que passa o oxigênio da máquina do respirador, ventilando os pulmões.

A sensação foi muito boa ao sentir a primeira baforada de oxigênio puro nos meus pulmões! E o ar da máquina era diferente do ar natural. Além de ser mais gelado, ele dava uma sensação de purificação.

Respirar por máquina salva uma vida, mas respirar naturalmente é muito melhor. Após fazer a traqueotomia eu perdi a voz. Foi quando eu me lembrei do meu avô, que foi surdo a vida toda. Para que ele pudesse nos entender, nós falávamos pausadamente, e ele conseguia ler o movimento dos lábios. Eu passei a usar essa técnica para me comunicar.

Após uma semana, a cânula foi trocada e eu voltei a falar.

Ali, deitado e sem movimentos, eu estava me tornando um cérebro pensante. Queria entender tudo que estava acontecendo. Por isso, perguntava todos os detalhes e procedimentos para o médico.

Sobre o respirador aprendi que havia uma bolinha inflável chamada "cuff", e que ela fica dentro da traqueia. O "cuff" serve para bloquear o oxigênio do respirador de ir para a boca e nariz. Assim, o oxigênio segue direto para os pulmões. Então estava respirando por um buraco no pescoço!

Estava mesmo vivendo aos trancos, porque eu também estava sendo alimentado por uma sonda, além de respirar artificialmente. Eu só não estava vegetando porque a minha mente estava muito alerta.

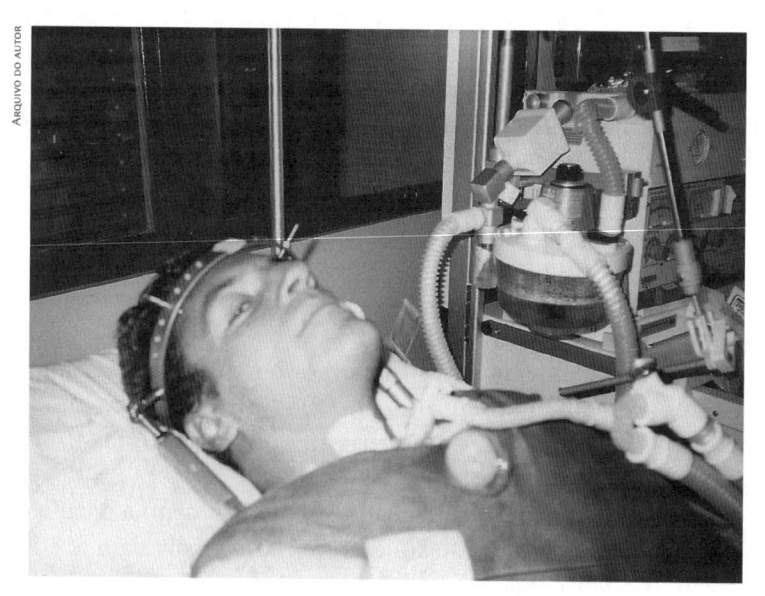

NA UTI DO HOSPITAL.

Um dos médicos que trabalhava no hospital era o Marcelo Amato. Ele havia estudado no mesmo colégio que eu, mas era da classe do meu irmão. Era o melhor aluno da escola, as suas notas eram todas dez. Além de ser um cara que tocava muito bem violão e bandolim, era muito legal e eu sempre o admirei. Quando ele assumiu o meu caso, fiquei muito mais confiante. Ele chegou no meu leito e falou:

— Oi, Taiu, eu sou médico aqui. Já falei com o pessoal e vou assumir o seu caso.

Naquele momento eu pensei: "Estou salvo!".

Não se sentir sozinho numa situação dessas faz uma grande diferença! Passados dez dias almoçando pelo nariz finalmente voltei a me alimentar pela boca. A primeira coisa que eu queria sentir o paladar era um *milk-shake*, e foram me buscar um de morango! Acho que somente ficando alguns dias sem sentir o paladar para você dar o devido valor. Mas eu continuava respirando pelo pescoço.

Depois do sufoco que eu havia passado na noite da falta de ar, usando aquela parafernália artificial, tornava-se fácil viver recebendo fartura de oxigênio nos pulmões sem fazer nenhum esforço. A facilidade era tanta, que acabei me acostumando a não fazer mais força para respirar.

Depois de alguns dias tive uma pneumonia, mas com o antibiótico certeiro receitado pelo dr. Marcelo, que é pneumologista, melhorei em alguns dias.

Nas minhas constantes investigações e aprendizados descobri que somente saindo do respirador é que eu poderia ir embora daquela UTI. Então, como não via a hora de sair daquele lugar, comecei a batalhar. Mas para me livrar da máquina eram necessários exercícios. O respirador tinha uma regulagem, onde era possível colocar mais ou menos resistência. Meu exercício era de forçar a respiração, como se estivesse na academia. No meu caso, o músculo era o diafragma. O oxigênio poderia ser ventilado livremente sem eu fazer nenhuma força, mas assim eu ficaria ali para sempre... A meta era mudar a resistência e ir aumentando gradualmente.

Começamos com uma resistência bem fraca, e logo notei que meu pulmão estava preguiçoso. Eu me esquecia de puxar o ar no início, e quando isso acontecia soava um alarme. Levei o tratamento a sério. Quando precisava de ajuda costumava assobiar, mas, sabendo que o alarme tocaria se eu parasse de respirar, comecei a usar essa tática para chamar a enfermeira. Elas vinham bem mais rápido!

Depois de um tempo em treinamento, o pulmão foi se fortalecendo e estava já me acostumando a fazer força para respirar e com a resistência da máquina sendo aumentada a cada dia. Alguns dias depois recuperei a respiração, e voltei a respirar normalmente. Foi um grande alívio não precisar mais do respirador. Cheguei a pensar que, num respirador, se a energia elétrica acabasse geral, eu não teria chance... E agradeço a Deus pelo ar que respiramos, e por poder respirar livremente outra vez!

Encarando a realidade

Eu já estava há semanas naquele lugar funesto. E todos os meus companheiros estavam cada um na sua luta. Meu vizinho, o senhor Tomirato, fazia um tratamento toda noite. Fiquei sabendo o nome dele porque, separados apenas por uma cortina de plástico, eu escutava tudo o que acontecia ao lado.

Ouvia um ruído de tapas intermitentes que durava uns dez minutos. Depois descobri que eles estavam fazendo a tapotagem, que servia para soltar o catarro das paredes do pulmão. Depois da sessão dos tapas, o resultado era a expectoração. E eu escutava a fisioterapeuta dizendo:

– Vai, senhor Tomitaro, vai!

Então começava a sessão das catarradas! E escutando aquelas catarradas tão próximas me dava vontade de sair correndo, imaginando a quantidade de bactérias que estariam voando por ali, pelo ar.

As visitas na UTI eram permitidas somente meia hora por dia, e em um horário estipulado. Mas um médico, mesmo não sendo do hospital, pode ficar lá dentro por tempo indeterminado. E eu tinha dois amigos médicos, o Alfredo Bahia e o Joel Steinman, que passavam algumas horas extras comigo, o que amenizava bastante a situação. Recebi a visita de alguns amigos enquanto estava dentro da UTI. Mesmo cheio de parafernálias eu estava consciente, e os recebia com muita alegria. Como era bom encontrar os amigos!

Tentaram me tratar com um psicólogo, mas ele apareceu uma única vez. Porque não existia, pelo menos para mim, um tratamento psicológico naquela situação. O que alguém que não me conhece e nem imagina o que significa estar ali poderia me falar?

"Até o tolo, quando se cala, é reputado por sábio; e o que cerra os seus lábios é tido por entendido." (Provérbios 17:28)

Mas o que me sustentou foram as orações. Muitos oraram pela minha vida. E é na hora da dificuldade, da proximidade da morte ou da doença que mais lembramos e pedimos ajuda para Deus. Porque, em momentos como esse, somente uma mãozinha amiga de Deus pode nos ajudar... E até um ateu se questiona.

Quando pensava nas ondas que havia surfado, eu me fortalecia. Pensar naqueles tubos que havia surfado em Desert Point um mês antes era minha anestesia e meu estímulo.

O Africano, surfista que o Paulo Kid havia comentado e que havia se acidentado na Paúba um ano antes, me fez uma visita. Mas antes de ele entrar no quarto para falar comigo, o meu pai lhe deu algumas instruções. Meu pai sabia que a lesão dele havia sido diferente, porque não houve lesão na parte neurológica. Ciente de que não seria nada bom para mim se ele me falasse a verdade, meu pai pediu para que mudasse a versão da sua história. Ele entrou no meu quarto e me disse que, antes de se recuperar, havia passado oito meses numa cadeira de rodas. Como eu não entendia muito do assunto, a história colou. E eu me imaginava completamente recuperado, como o Africano, dentro de alguns meses. Observá-lo andando normalmente no quarto, depois de me mostrar a sua cicatriz da cirurgia no pescoço, me inspirou.

Três anos depois, um dia, no calçadão das Pitangueiras, no Guarujá, encontrei com o Africano. Como eu ainda estava na cadeira de rodas e não havia acontecido nenhuma melhora motora, perguntei o que ele havia sentido antes da recuperação. Ele então deu um leve sorriso e me contou toda a verdade. Disse que meu pai pediu encarecidamente para que contasse aquela versão, exatamente para não cortar a minha esperança naquele momento. Da realidade não é possível fugir, e eu admirei a pertinência daquela versão criada pelo meu pai. Naquela situação no hospital não poderiam acabar com a minha esperança naquele momento tão crítico. Amor de um pai por seu filho.

Histórias de hospital

Minha missão poderia ser chamada de sobrevivência. Mas eu não podia reclamar do tratamento do hospital, porque tudo era muito bom. Eu tinha até uma nutricionista, além de um cardápio balanceado. Após as refeições era servido um mamão papaia, e talvez por isso eu comecei a acordar toda manhã cagado, o que não era nada agradável. Mas o enfermeiro que me atendia era muito gente boa e profissional. Ele sabia como amenizar a situação: chegava abrindo a janela, cantando e me dando bom dia! Quando eu contava pra ele sobre o ocorrido, como se ele ainda não soubesse, ele minimizava a situação. Agia como se aquilo fosse muito natural para ele, e trabalhava amarradão... Como se aquele ofício fosse a sua "lenda pessoal", como o Paulo Coelho já descreveu. E confesso que admirei e aprendi muito com a vibe daquele cara.

Àquela altura, não adiantava mais me lamentar, porque o prejuízo era real. Agora era correr atrás do que poderia ser feito.

Vivi muitas loucuras surfando, e já havia passado também por diversas situações críticas. Mas o que eu estava passando ali era inigualável. Era talvez a pior situação, possível e imaginável, que alguém pudesse passar. Eu tentava manter a calma, mas os momentos de agonia e ansiedade me perseguiam.

Um dia, naquela sala fria onde o ar-condicionado ficava ligado direto, senti uma pequena fresta de sol brilhar no meu rosto. Era um raio tímido de sol, mas que conseguiu entrar por um buraquinho na janela. Depois de tanto tempo sem sentir aquela luz natural maravilhosa, um mínimo foco de luz de sol no meu rosto fez meu dia. Como eu queria recuperar a minha saúde e poder voltar a curtir as mínimas coisas da natureza!

Estar numa situação exposta e vulnerável a erros humanos não era nada legal. Nem todas as pessoas são naturalmente habilidosas. Algumas são distraídas, ou não tomam os devidos cuidados. Mas, quando essa falta de habilidade acontece durante procedimentos com pacientes, pode ser fatal. Quantas vidas foram perdidas devido a alguns erros cometidos por profissionais da saúde? Eu passei por algumas situações perigosas.

Uma delas foi quando uma enfermeira, emocionalmente perturbada, quase me sufocou. Enquanto eu estava no respirador, às vezes, era necessário fazer um procedimento de aspiração do catarro. Nesse procedimento, que era feito por fisioterapeutas, é necessário retirar o cano de ar do respirador do pescoço, e colocar o aspirador por alguns segundos. Nesse momento o paciente fica sem respirar, e por isso a aspiração tem que ser breve. Muitas vezes os fisioterapeutas não estavam disponíveis, e um dia resolvi pedir para uma enfermeira fazer isso para mim.

Mas, no momento da aspiração, ela manteve o aspirador por mais tempo do que deveria... Eu consequentemente fui ficando sem ar, e ela parecia não perceber o que estava acontecendo. Passei um sufoco, e percebi que aquela enfermeira era uma sem noção, e parecia estar viajando.

Quando ela finalmente reconectou o respirador de oxigênio e eu pude respirar novamente, falei:

– Parou! Parou! Por favor, chame a chefe-geral da UTI pra mim.

Fiz o relato do perigoso procedimento para a chefe das enfermeiras, porque era um perigo aquela senhora trabalhar ali. Ela poderia matar alguém no futuro. Depois de um tempo, a mesma enfermeira apareceu chorando, e me disse que estava com problemas pessoais.

Hospitais são lugares de sobrevivência. Um lugar em que pode haver diversos tipos de bactérias, incompetência de alguns, morte de outros ou sei lá mais o quê. Eu nem imagino o que deve se passar no tratamento de um paciente em coma. Hospital não é um lugar para enfermeiros vacilões, nem pessoas com baixa autoestima ou que não tenham empatia. Ali é um local somente para os "cascas-grossas", física e psicologicamente preparados.

A luta

Aquele mês de novembro foi marcante para mim. Eu me esforcei todos os dias para sair daquele "laboratório". Aos poucos fui superando algumas etapas, e minha meta era voltar pra casa. Depois que passei pela cirurgia de fixação da coluna, as coisas foram melhorando.

Antes de entrar em cirurgia, apesar de confiante, eu senti medo. O neurocirurgião estava acompanhado de um ortopedista. O procedimento demorou oito horas. A incisão foi feita pela frente do pescoço, e nele foi colocada uma placa com seis parafusos, que servia para fixar a minha coluna. As vértebras C4-C5 tiveram que ser refeitas, e para isso foi usado um pouco de osso da minha bacia.

Como a parte neurológica havia sido afetada, no caso de haver alguma recuperação motora, seria um processo demorado.

Infelizmente não se conserta uma lesão na medula com uma cirurgia.

Mesmo quando me falavam sobre a gravidade da minha situação, eu não acreditava nos médicos, mas, sim, que o meu corpo iria dar um jeito.

Mas a melhor coisa após a cirurgia foi a retirada da coroa da minha cabeça, que usei durante um mês. Eu saí da cirurgia com apenas um colar cervical, e com ele passei três meses. Não era a melhor coisa do mundo, mas era muito melhor que a coroa.

Sentia um mal-estar todo dia. Era calor, febre e sensação de queimação nos braços. Então comecei a questionar a eficiência da medicina. Como poderíamos estar quase no ano 2000, e a medicina ainda ser incompleta? Como posso ter sido operado, e não ter sarado completamente? Onde está a tecnologia? E a tal modernidade da ciência? A pimenta na medula dos outros é refresco!

Nos dias que sucederam à cirurgia foi impossível comer alguma coisa. O trauma pós-operatório tornou a deglutição algo muito doloroso. E para ser possível comer, por causa da dor que eu sentia para engolir, comecei a tomar uma droga. A droga para aliviar a dor, segundo o médico, era da família da morfina. Eu a tomava sempre antes das refeições. Mas os sintomas de euforia, depressão respiratória, confusão mental e tonturas vinham na sequência. Eu ficava bem alterado. Combinei com o médico para que minha mãe ou minha irmã me ajudasse na hora da comida.

Quando o efeito da droga começava a bater, e isso não demorava nem dez minutos depois da injeção, eu começava a ver o teto do quarto se mover.

Minha mãe e minha irmã se alternavam para contemplar os meus delírios. Eu dava risadas, porque só pensava em loucuras. Contava quantos furinhos havia no teto, para não endoidar de vez. A loucura era maior do que a de ácido!

Passei dois ou três dias tomando a droga, sempre antes de comer.

Em meados de dezembro o dr. Marcelo Amato assinou a minha alta. Ele, junto com Totó e meu pai, prepararam meu quarto em casa com diversos equipamentos.

Eu ainda estava bem fraco, mas pelo menos estava indo para um lugar muito mais aconchegante do que um hospital.

Lar, doce lar

Fui do hospital para casa numa ambulância. Minha família e meu amigo Luiz foram me acompanhando de carro. Fiz todo o trajeto Morumbi-Alto de Pinheiros deitado na maca da ambulância, mas sabendo onde estava a cada curva. Subi as escadas de casa na maca. Apesar da situação ainda ser delicada, voltar para casa tinha um gosto de vitória. E a primeira parte da minha longa jornada de recuperação havia ficado para trás. O meu corpo estava sentindo aquela novidade medular, e eu ainda estava me adaptando à nova situação. Muitas vezes me sentia mal, tinha febre e o calor do verão era desagradável. Cheguei em casa no dia 15 de dezembro.

Ao contemplar os objetos do meu quarto, toda minha vida passava pela cabeça, pois foi naquele quarto que eu cresci e morei, desde os meus doze anos de idade. Eu não estava acostumado a não poder me levantar da cama, e mal conseguia mexer o pescoço. Quando saí do hospital eu estava tomando oito pílulas por dia. Mas uma médica fisiatra veio me atender em casa, e mandou cortar todos os remédios. Eu já estava deitado a mais de um mês, e na primeira vez que eu voltei a ficar sentado senti muita tontura. Ao sentar, apenas inclinando a cama hospitalar, eu sentia muita dor nos ombros e mal conseguia sustentar a minha cabeça.

Antes desta médica aparecer, um dos remédios que eu tomava era o Lorax. E sob o efeito desse adormecedor eu sonhava muito! Eram sonhos em que passeava pelo bairro. Geralmente eu andava perto da minha casa, e muitas vezes me via abaixado procurando a chave do carro atrás do pneu. E o sonho terminava sempre no momento em que eu olhava para a janela do meu quarto. Ao olhar para a janela, eu lembrava que alguma coisa diferente estava acontecendo. E despertar e encarar a realidade sempre me deixava triste.

Logo no início da recuperação, enquanto ainda era uma fase delicada, tive apoio total da minha família. A situação era a pior possível, porque não se sabia o que era o melhor a ser feito. O Carlão, que foi indicado pela doutora como fisioterapeuta, nos ajudou muito. E não era ruim somente para mim, mas também para todos que estavam do meu lado. Minha irmã Sylvia me fazia bastante companhia assistindo TV comigo. O Totó sempre aparecia para me alegrar, fazendo palhaçadas. Eu sentia que ele queria fazer tudo por mim, e isso era desesperador. Meu pai ficou em choque, mas conseguia segurar a onda. Mas foi a minha mãe quem mais ficou abalada. Talvez ela tenha passado por um estado de choque, em um grau leve. Mas dava para entender, porque mãe é mãe.

E os meus amigos sempre foram os melhores, porque não me faltaram visitas. Não posso reclamar de nada, mesmo jamais querendo passar por tudo aquilo. Ter que aguentar e aprender a não poder mais fazer as minhas coisas exigia muita paciência da minha parte. Um enfermeiro começou a me ajudar, mas durou pouco. Minha mãe então passou a me ajudar. Enquanto eu ficava deitado direto era tranquilo, e no início eu passei alguns meses assim. Comia na cama e tomava "banho de gato" só com toalhas molhadas.

Alguns meses depois, um amigo chamado Alemão de Maresias se dispôs a passar um tempo indeterminado em casa para me ajudar. Ele se instalou num quarto, e a partir daí as coisas começaram a evoluir. Alemão era o mais tranquilo de todos, me colocava na cadeira de rodas e me levava para dar umas voltas até uma pracinha perto de casa. Muitas vezes eu comecei a ficar no jardim tomando sol. Às vezes tomava um banho de esguicho, isto quando ele e Totó não me jogavam na piscina. Eu dava uns rolês com ele e um amigo, o Joaquim, pela cidade de Passat. Com essa dupla eu fiz minhas primeiras idas para o Guarujá e Maresias.

Paulo Padeiro, um amigo que morava perto de casa, ia me visitar todos os dias e logo aprendeu com o Carlão a me ajudar na fisioterapia. O Padeiro tem o dom natural de cuidar das pessoas, e ele me ajudou muito também, fazendo fisioterapia direto.

E toda hora tinha alguém batendo na porta de casa para me visitar. Minha mãe pirava com os apelidos. Quando alguém batia na porta ela perguntava:

– Quem é?

A voz do outro lado respondia:

– Bruxo, Dragão, Testa, Cebola, Padeiro, Azeitona, Alemão e outros bichos mais...

Sinto muita saudade do Claudio (Zé Bruxo). Ele partiu em 2008 e, na época da minha recuperação, foi um dos que mais me visitou, além de ter sido uma das pessoas mais presentes na minha vida pós-acidente. Ele sempre foi uma pessoa alegre, e me levou muitas vezes para dar uns rolês de *buggy* pelas areias de Maresias. Sempre parava no apartamento do Guarujá, às sextas-feiras, para me dar um alô quando estava a caminho de Maresias. Outro amigo que partiu precocemente foi o Marcelo Behring, o mestre do jiu-jitsu. Com ele treinei durante um mês antes do acidente. E foi ele quem me deu a faixa preta na UTI, enquanto me visitava! Marcelo ia em casa com os filhos Kiwa e Kiron. Sua esposa Kyrla, que é da família Gracie, algumas vezes me convidou para ir à casa deles, e preparava um almoço seguindo a "dieta Gracie".

DA ESQUERDA PARA A DIREITA, NA ACADEMIA:
EU, KIWA, SYLVIA E KIRON BEHRING, 1992.

Foram as visitas ilustres de Marcelo, Ryan Gracie, Ross-Clarke Jones, Gui Mattos e seu filhote Renan, Paulinho Galvão, Helio Moura, dr. Joel, Edu e Alfredo Bahia, Nano, Zilando, Cinira, Fernando Azeitona, Edu Buran, Testa, Dragão e tantas outras pessoas que me ajudaram a seguir. Minha casa se tornou um point de encontro da galera, e eles conseguiram transformar aqueles momentos, que poderiam ser os piores da minha vida, numa época única e memorável, por incrível que pareça. Apesar de todo sofrimento físico, essa vibe de amizade e de Aloha não teve preço.

Rehab

Neste período de adaptação, se eu ficasse muito tempo sentado na cadeira sentia tontura. A indústria de cadeira de rodas no Brasil no início dos anos 1990 ainda era precária. Hoje evoluiu muito.

A primeira cadeira de rodas que tive foi uma do tipo hospitalar, de ferro e sem nenhum conforto. Ela era tão ruim que eu preferia ficar deitado na cama e, nessa época, odiava cadeira de rodas.

Depois de alguns meses deitado numa cama, eu me sentia mofando. Eu também ficava cheio de coceiras, com a pele branca e cara de doente. Foi só assim que percebi que ficar sentado era um estágio acima do deitado. Mesmo estando sentado numa cadeira de rodas, esta realidade cruel é bem melhor do que ficar deitado como um doente na cama.

Incentivada pelo meu fisioterapeuta Carlão, minha mãe me deu uma cadeira importada da marca Quickie. Foi uma grande aquisição porque, depois de passar tanto mal-estar e desconforto sentado numa cadeira hospitalar, quando dava meus rolês com Alemão, sentar naquela cadeira importada fazia com que me sentisse num trono. Era possível deitar o encosto para descansar, e quando me cansava chegava a dormir naquela cadeira.

Comecei então a sair de casa. Quando saía de carro, gostava de dar umas voltas no Shopping Iguatemi. Nessa época de total inexperiência, naquela situação de imobilidade e cadeirante, eu saía praticamente pelado no calor do verão. Eu não estava me importando mais com nada e com ninguém, e costumava apenas me cobrir com uma canga, também por uma necessidade técnica.

Por ainda não usar o uripen (um tipo de camisinha que se conecta à uma bolsa para fazer xixi), eu usava um saquinho hospitalar amarrado no pinto. Por isso não era bom usar roupa, pois ficaria complicado manobrar o saquinho. Este método dava trabalho, pois toda vez que eu fazia xixi era necessário trocar o saquinho.

Nessa fase dos saquinhos eu estava prestes a embarcar para os Estados Unidos para pesquisar o que tinha de novidade, e também para comprar alguns acessórios que pudessem me ajudar naquela situação. Mas notei uma vibe estranha quando o gerente da empresa aérea do meu voo ficou me medindo no portão de embarque. Na hora de embarcar me carregaram da porta do avião até a poltrona em que eu iria sentar. Então, o tal gerente, que mal falava inglês, veio me abordando no assento e já ordenou para que eu me retirasse do avião. Ele alegava, através de um tradutor, que eu não tinha condição de viajar naquele avião.

Eu não estava acreditando naquilo, mas como o cara tinha autoridade, não teve jeito. Até os comissários ficaram indignados com aquela decisão, mas tive que sair. Tomei uma canseira de mais de duas horas esperando as malas depois que eu saí do avião. Voltei pra casa revoltado, e é claro que isso deu em processo judicial e indenização.

Para complicar um pouco mais minha rotina, eu tinha uma escara (ferida que aparece como consequência do contato do osso com a carne por ficar sempre deitado), desde quando saí do hospital. Ela ficava acima da bunda e, além de ser uma ferida nojenta, dava trabalho. Era preciso trocar o curativo e limpar todo dia, e só consegui me livrar dessa escara depois de uma cirurgia, quinze meses após o acidente.

O tempo foi passando, e logo comecei a arrumar tarefas para me ocupar durante o dia. O Dragão, que era da revista *Hardcore*, me propôs escrever uma coluna mensal para a revista. Depois ele mesmo fechou o apoio da Hang Loose com o Alfio. Eu continuo como colunista até hoje, depois de já ter passado por todas as revistas brasileiras. Hoje escrevo a coluna "Surf Eterno" na *Almasurf*.

As minhas primeiras colunas foram feitas via gravador. Depois, passei a digitar os textos no computador usando um lápis adaptado na boca. Depois do lápis adaptado descobri o *mouth stick*, um palito de alumínio feito especialmente para isto. O *mouth stick* se tornou minha principal ferramenta, que uso para escrever, acessar o computador, acender a luz e telefonar.

A melhor função, e a mais divertida, é sem dúvida fazer as locuções nos campeonatos de surfe. Impossibilitado de surfar, na locução, utilizo os principais ingredientes que me foram preservados: o conhecimento, o *felling* e a voz.

Nos primeiros campeonatos que atuei como locutor no Guarujá, durante os anos 1990, eu contava com a ajuda do meu amigo Jorge Mula, que me carregava escadas acima para chegar no palanque. Eu fazia qualquer sacrifício para poder participar do que, para mim, era o show máximo, e nessa época havia muitas oportunidades.

Participei de muitas locuções, em diversos campeonatos pelo Brasil e alguns no exterior. Eu também fiz algumas transmissões de etapas do mundial no Brasil pelo canal ESPN em 1997, 1998 e 1999. Foram mais de dez anos fazendo parte do primeiro escalão de locutores, sendo chamado em todos os eventos. Quando o circuito brasileiro passou a ser o SuperSurf, organizado pela Abril, fui um dos locutores oficiais. Eu fiz uns três ou quatro anos de SuperSurf, indo a quase todas as etapas.

A partir da época em que os eventos passaram a ser transmitidos pela internet, em meados dos anos 2000, e as marcas de surfe patrocinadoras e os organizadores dos eventos começaram a se distanciar do meu conhecimento, foram-se diluindo essas oportunidades. O *glamour* e o divertimento daquela época de estar sempre participando dos eventos ficaram para trás...

S.O.S planeta Terra

A tecnologia facilitou minha vida. Além do computador e da internet, minha cadeira de rodas motorizada controlada pelo queixo se tornou o meu link para a liberdade. E ela já está praticamente conectada ao meu sistema nervoso central. Sem motor, fico totalmente dependente de quem me empurra. Após 22 anos nessa situação, eu não tenho mais paciência para ficar na cadeira sem motor, pois muitas vezes eu não desejo estar na posição onde me estacionam. Sem poder me locomover eletronicamente, me bate um sentimento estranho, como se eu fosse um carrinho de malas de aeroporto...

Mas, a partir do instante em que fico motorizado, minhas limitações de locomoção desaparecem. E só vou depender da acessibilidade dos lugares. Calçadas sem rebaixamento, escadas e grandes degraus na porta dos estabelecimentos ou das casas me impedem de circular livremente.

A cadeira motorizada que uso, uma Quickie P-222 SE, chega a uma velocidade de até 12 km/h. Mas, para andar nessa velocidade, as calçadas ou ruas têm que estar adequadas, e não é muito o que acontece por aí.

Recentemente comecei a andar de ônibus, eles são acessíveis, mas quando são pilotados por irresponsáveis pode ser perigoso. E eu já passei uns sufocos a bordo.

Tudo é adaptado em minha estação/escritório, onde trabalho.

Numa época de modernização, e em que tudo é eletrônico, até as pranchas de surfe hoje estão motorizadas.

O problema da onda tecnológica, além de hipnotizar e alienar, já que as pessoas não mais desviam os olhos e a atenção dos smartphones, também é o rastro de lixo. São descartadas toneladas de lixo eletrônico e de plástico por dia em todo planeta. Como ficará o nosso meio ambiente num futuro próximo? Isto sem falar nos desastres, como ocorreu em Fukushima, e vazamentos de petróleo no oceano, como o da British Petroleum no golfo do México.

Será que ninguém pensa no estrago, já sentido pelo planeta, de décadas de emissões de CO_2? O clima já não é mais o mesmo, e a tendência é piorar. Enchentes e tempestades fora do normal, e secas que castigam e ameaçam muitos... E isto é evolução?

Até que ponto vale a pena alcançar esse progresso? Não seriam as nossas reservas naturais muito mais importantes do que toda essa loucura e os valores do mundo de hoje?

Alimentos naturais e água potável são o nosso verdadeiro tesouro.

O clima equilibrado é a base da vida, e nós estamos brincando com ele.

A nossa terra ainda é boa para agricultura e a qualidade do ar ainda é satisfatória. O nosso mar ainda está razoavelmente limpo. Mas a questão é: até quando? Ainda temos tempo, mas o planeta depende das autoridades. É uma questão de posicionamento para a preservação e continuidade da vida.

Se perdermos o que ainda temos só vai restar um ambiente árido e chuvas ácidas para quem sobreviver. O nosso planeta é mais frágil do que imaginamos.

Salvemos o planeta, ainda dá tempo!

SENTADO EM PRAIA DESERTA, FERNANDO DE NORONHA, 1987.

Efeito Muggie

Durante os anos 1970 existia um boneco de pano preto chamado Mug. Este boneco tinha o cabelo vermelho e vestia uma roupa xadrez. Tinha as pernas e os braços curtos, e a lenda dizia que dava sorte passar a mão na cabeça dele.

Quando eu era pequeno, no Guarujá, costumava encontrar um cara toda vez que eu andava até o centrinho. Ele andava num carrinho de madeira por causa de uma poliomielite. Todos gostavam dele. O apelido dele era Muggie, e com certeza o nome surgiu por causa daquele boneco. Ele costumava ficar estacionado no centro do Guarujá, e eu sempre passava por ele.

MUGGIE.

Com o tempo, Muggie não era mais novidade para mim. Anos depois, quando eu estava indo buscar minhas pranchas no Guarujá para embarcar no dia seguinte, ao encontrá-lo, tive uma grande lição de vida.

Apesar de tudo estar bem comigo naquele dia, eu me sentia triste. Não havia um motivo justo, pois eu iria embarcar para a África do Sul no dia seguinte, então era para estar feliz... Mas não estava.

Quando saí do carro para ir à farmácia, olhei para o lado e vi Muggie, cercado por um grupo de amigos. No instante em que olhei na sua direção, eu o vi dando fortes gargalhadas. E aquela cena me deixou surpreso, porque eu vi ali um cara feliz.

Sempre questionei como deveria ser difícil e triste a vida dele naquela situação. Mas, para a minha surpresa e incompreensão, triste estava eu e feliz estava ele! Enquanto Muggie rachava o bico com os amigos, eu entrava em um parafuso de confusão...

Levei um tapa na cara naquele momento. E entrei naquela farmácia pensativo, desnorteado. Era a primeira vez que eu estava passando por uma situação que me fazia entender que a felicidade era relativa. E que eu poderia ser o surfista ou quem quer que fosse, a felicidade não depende do que você tem, ou de quem você é. É simplesmente felicidade, um estado que somente um espírito em paz pode sentir. Alguns meses depois tive bastante tempo para pensar sobre isto, enquanto estive no hospital.

Posteriormente, lá estava eu, também numa cadeira de rodas, pelas calçadas do Guarujá. Muitas vezes parei e fiquei conversando com ele. E então demos boas risadas... Hoje Muggie descansa com Deus.

Dez anos depois

Não demorei muito depois que me acidentei para me mudar para o Guarujá. Pela facilidade do apartamento, e também por ser uma cidade pequena e plana, morar no Guarujá facilitou a minha vida.

Enquanto o mundo se preparava para a grande virada do milênio em 1999, eu passava por uma importante transição.

Meu casamento de seis anos havia terminado e eu estava me adaptando. A consequência de uma realidade insustentável dentro de um relacionamento resulta em separação. Sou grato por sua dedicação durante os anos que passamos juntos, mas eu entendi que ela não segurou a onda e partiu. Eu concordo que, a partir do momento em que se percebe que não existe mais perspectivas, e principalmente quando o encanto e o respeito desaparecem, não há como prosseguir.

Um amigo chamado Haroldo, um ótimo surfista cujo crescimento acompanhei, passou a ser o meu ajudante nessa época. Além dele me ajudar nas funções, nós tínhamos planos de viajar para o Havaí em dezembro.

No mês de junho consegui publicar meu livro, *Alma guerreira*. O lançamento aconteceu na feira do surfe. Essa feira ocorria anualmente em São Paulo, do final dos anos 1990 até o início dos anos 2000. Durante os dias de correria na feira, encontrei um amigo do Ceará que tinha conhecido num campeonato amador em Santos. Ele estava com mala e prancha, e procurava um lugar para ficar em São Paulo. A missão dele era participar das etapas que restavam do circuito brasileiro amador, pois ele liderava o ranking depois de duas vitórias nas etapas do Nordeste. E nós o acolhemos em casa nesse período.

Por causa do livro, comecei a ser chamado para participar de alguns programas de televisão, e um deles foi o *Cala a boca Bocão*.

Embarcamos eu e o Haroldo para o Rio, e passamos a noite na casa do Rosaldo, pois eu estava trabalhando na revista dele e do Ledo, a *InsideNow*. Enquanto esperava a hora de gravar no estúdio da SportTV, a Paula Toller, vocalista da banda Kid Abelha, também aguardava. Conversando com ela, comentei que quando eu fazia as pranchas na Pacific Shore, em 1984, as suas músicas sempre tocavam no rádio.

Ela então me perguntou:

– E as pranchas? Saíam boas?

Eu achei engraçada a pergunta, e confirmei. Dei um livro para ela.

Dois anos depois, quando a banda lançou o CD chamado *Surf*, em uma turnê por São Paulo, me convidaram para ir ao show. E foi aí que eu soube que a música "Rei do salão" havia sido inspirada em trechos do meu livro. Nesse meu primeiro livro falo muito sobre surfe, narro diversas partes do mundo que visitei, e descrevo como é pegar um tubo, chamando esse lugar de "salão".

Segue a letra da música:

Eu vejo o mundo rodar
Meu grande amigo é o vento
Ouço as paredes do mar
Você não sai do meu pensamento
Eu passo a vida a voar
Com as asas dessa paixão
As ondas vêm me chamar
Eu sou o rei, o rei do salão
Pico Alto Ekuai
Uluwatu Pipeline
Juquehy Number Three's
Joaquina Waikiki
O tempo já vai virar
As águas frias me avisam
Quando a ressaca passar
Meu reino vai se acabar
Santa Marta Serrambi
Stella Maris Maverick's
Coco loco Lacanau
Lopes Mendes Francês Jeffrey's Bay
Itaúna Mentawai
Waimea Sunset
Rosa Norte Rock Point
Árpex, Árpex

Fiquei muito feliz quando ouvi essa música!

No show do Kid Abelha, lançamento do CD *Surf*, 2002.

O Rodnei, que morava no Guarujá, começou a frequentar nossa casa todo dia. Eu o conheci enquanto ele participava dos campeonatos-treinos que eu realizava para amadores sempre em frente ao meu prédio, no Guarujá.

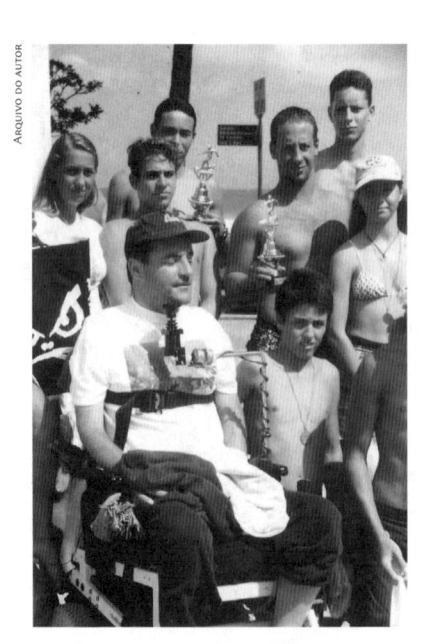

Campeonato Surf Treino.

Com este trio em casa nós nos aventuramos em diversos lugares, indo a campeonatos, eventos e shows por São Paulo e pelo litoral. Fomos aos shows de Yuto Indo, Natiruts, Tribo de Jah, não perdíamos nenhum. Para ir ao Havaí era preciso batalhar os apoios em São Paulo, e isso a revista *InsideNow* me ajudou a articular. Esse projeto se fortaleceu quando fui para Florianópolis participar da locução de um mundial de surfe. Na ocasião, fiquei amigo do juiz havaiano Dave Shipley (filho do legendário Jack Shipley), e também conheci o head judge Perry Hatchet. Quando comentei sobre essa minha ideia, me incentivaram bastante. Eles me disseram que, se eu realmente fosse, poderia participar da locução do Pipemaster. E ainda me prometeram fazer a conexão com o Randy Rarick. Como esse campeonato é o maior espetáculo do surfe mundial, eu fiquei bem empolgado para ir.

De volta a São Paulo, agilizei as coisas com os apoiadores, e um deles, além da Hang Loose e da Reef, foi a Bad Boy. Conseguimos agilizar os vistos, porque o Haroldo já era conhecido no consulado. Depois da primeira negativa do cônsul, nós conseguimos arrumar o visto, que foi o seu primeiro, como meu "*personal employee*". Assim, tudo estava organizado para partirmos no início de dezembro.

Havaí sobre rodas

Sempre achei estranha minha vontade de ir para o Havaí, mesmo sem poder surfar. Como o lugar é a Meca do surfe, para um surfista fissurado, mas impossibilitado de surfar, a visita pode se tornar uma tortura. Mas eu tinha saudades de rever o lugar, de pelo menos assistir novamente aquelas ondas grandes, e sentir a vibração da ilha. Eu queria inalar aquela brisa tropical com o cheiro dos corais.

Passei horas dentro do avião e de aeroportos, quando finalmente chegamos à ilha. Da janela do avião fiquei observando o visual. Novamente lá estava eu, naquele lugar tropical e agradável, e que me era tão familiar.

Fomos recepcionados por vários amigos no aeroporto, e o assunto era que o mar estava subindo... Seguimos para o lado norte da ilha em um carro alugado. Depois, alugamos um quarto no Turtle Bay, onde ficaríamos os próximos meses. Apesar de eu estar nos Estados Unidos, havia pouca acessibilidade no condomínio. Mas improvisamos, colocando uma madeira para possibilitar meu acesso à calçada. Para tomar banho eu usava um balde e o jardim.

Na praia mais famosa e perigosa do mundo, Pipeline, confirmei minha presença como locutor no evento. Eu conhecia bem as regras da ilha, mas percebi que as coisas haviam mudado um pouco. Falar português alto nunca foi uma boa conduta por lá, mas como locutor era justamente isso que eu tinha que fazer. A minha função era passar as mensagens e as notas para os brasileiros (Victor Ribas, Fábio Gouveia, Renan Rocha, Peterson Rosa e Guilherme Herdy). E no início achei loucura gritar em português no microfone em plena praia de Pipeline.

Depois da virada do milênio, já em 2000, o clima ficou estranho. Ventava muito, fazia frio e as ondas estavam ruins. Nessa época, o programa do dia era ir até Pearlridge ou Waikiki, para dar umas voltas pelos *shoppings*. Eu curtia muito entrar naquelas lojas. Havia um restaurante de rodízio japonês, e nós éramos fregueses. Enquanto estive por lá, reencontrei muitos amigos. Alguns brasileiros se tornaram residentes e outros estavam passando a temporada por lá.

Com a ciclovia, que para mim era novidade e cortava a maioria das praias do North Shore, eu podia circular tranquilamente com a minha cadeira motorizada. Gostava de circular por Sunset, Rocky Point e Pipeline. Um dia, andando pela ciclovia, eu conheci um gringo da Califórnia que também andava em cadeira de rodas motorizada. Ele se chamava Philip e também estava passando as férias por ali. Andavam cinco assistentes (todos mexicanos e venezuelanos) junto com ele, e estavam com uma minivan adaptada. O carro tinha elevador, e comportava até duas cadeiras de roda a bordo.

Dei algumas voltas pela ilha com aquele carro e, numa dessas ocasiões, fomos ao show de *reggae* do Pato Banton. Eu fui a convite do André Derizans, que conheci no palanque do Pipemaster. Ele é brasileiro, músico e surfista. Era amigo e cantava com o Pato Baton. Em algumas temporadas que passei no Havaí, escutava bastante o som dele. Então nós ficamos no camarote, e quando vi já estava amigo do Pato Banton.

O Philip me deu vários toques sobre a vida em cadeira de rodas, mas infelizmente nunca mais tive contato com ele.

Agonia fora da água

No início de fevereiro as condições acertaram, e a máquina de dar ondas havaiana não parou mais. Com o clima bom, as ondas logo ficaram perfeitas. A partir daí, todo dia o mar estava bom em algum lugar diferente. Foram dias de boas ondas em Rocky Point, Pipeline, Velzyland, Haleiwa e Laniakea. Mas a praia de Sunset, que sempre foi a minha favorita, era a que dava ondas com mais frequência.

E foi lá que vivi meus dias de tortura. Olhar e não poder pegar o meu querido West Peak de Sunset me fazia sentir toda sorte de sentimentos.

Uma coisa era ficar sem surfar olhando as ondas no Brasil, mas ficar fora da água vendo aquelas ondas perfeitas em Sunset me fazia passar mal. Quando o mar subia e o pico era Pipeline, era empolgante assistir. Mas o difícil para mim era lidar com o instinto, que ainda estava automatizado a querer surfar ao ver aquelas ondas.

Enfim, tive que aprender a absorver aquelas ondas somente com os olhos e a mente, porque, por mais que eu estivesse fissurado, a situação era outra... E quando se aproximava o horário do meio-dia, ou uma hora da tarde, a ilha começava a esquentar. Sentindo o calor vulcânico e sabendo que não iria surfar, a minha vontade triplicava. Só me restava então fugir dali.

Então, eu saía andando de cadeira pela ciclovia, e tentava esconder do coração o que os olhos não estavam mais vendo.

Um amigo do Rio de Janeiro que mora por lá, o João Maurício, me levou para pegar umas ondas de moto aquática em uma daquelas manhãs. Foi bom fazer essa aventura, porque eu novamente estava no outside de perto.

Quando peguei o avião de volta ao Brasil eu estava bem alterado. Depois de sentir tanta abstinência daquele tipo de surfe havaiano na alma, decidi que só iria voltar ao Havaí quando fosse possível surfar novamente. E sou agradecido pelo quanto Deus foi bom comigo, porque tive a minha chance de viver e surfar no Havaí por algum tempo.

É bom estar consciente de que o ato de surfar não é eterno, e que cada um tem o seu tempo hábil de poder fazê-lo. Os nomes mudam, mas as ondas e as bancadas de corais continuam iguais. Por enquanto.

Save the planet!

Brasil dos anos 2000

Quando retornei ao Brasil, em fevereiro de 2000, eu mal havia desembarcado quando soube do falecimento do meu pai. Eu já sabia que ele estava no hospital, porque havia tido outra crise nos pulmões. Meu pai era fumante, com 67 anos, e o médico já o havia alertado sobre os riscos que corria. Eu falei com ele algumas vezes por telefone. E, em uma das últimas vezes, antes de embarcar, sabia que o negócio estava sério. Acho que ele me esperou desembarcar. Eu fiquei sem saber o que fazer quando soube, e tinha que decidir se ficava em São Paulo ou se ia até o Guarujá. O Haroldo estava comigo e, cheio de malas com roupas sujas, a decisão foi ir até o Guarujá. Eu estava passando por um momento delicado, e na manhã seguinte fui para São Paulo com o Rodnei. Ele havia passado todo esse tempo cuidando do apartamento, e me deu toda assistência nessa hora.

Viver essa experiência é um momento triste e único. E é difícil digerir o fato de saber que não será mais possível encontrá-lo por aqui. O pior é que, com o passar do tempo, a saudade só aumenta... Mas o que me mantinha forte era estar ali e saber que não fui eu quem morreu primeiro no acidente. Um filho acidentado é ruim, mas a perda de um filho é pior. Que ele esteja descansando com Deus.

De volta ao Guarujá, era chegado o tempo de me reestruturar. O Haroldo não trabalhou mais comigo depois que voltamos do Havaí. Ele, depois dessa viagem, conseguiu patrocínio e foi diversas vezes para lá.

Eu estava formando um novo time para me ajudar, e o Rodnei logo me apresentou seu comparsa, o Alexandre Cebola. Eu também já o conhecia dos campeonatos que eu costumava organizar, e ele passou a morar conosco.

Eu não pretendia deixar a responsabilidade na mão deles, e tentei por duas vezes contratar um "profissional" pelo jornal. Mas só tive decepção. Nem na primeira nem na segunda tentativa deu certo, e eles não duraram sequer duas semanas.

A partir daí formamos a nossa própria equipe. O Cebola era o motorista e o Rodnei me ajudava nas funções. Ele transformou o quarto dos fundos no seu "escritório". Ainda não existiam muitos telefones do tipo celular e a internet era pouco usada nesta época. Então o Rodnei já ficava conectado no telefone fixo de casa. Eram tantas ligações que fui obrigado a trocar o número da linha. Todos que passavam pelo quarto dele deixavam alguma frase escrita na parede. O Rodnei, com seus dezoito anos, era terrível, mas sempre foi um cara com responsabilidade. É uma pessoa a quem respeito e agradeço por seu comprometimento comigo.

Nessa época, nós subíamos para São Paulo toda semana, porque minha mãe era quem me ajudava a fazer cocô. E por lá passávamos a noite na casa da minha avó. No dia seguinte, aproveitávamos para fazer algumas visitas.

A casa da minha avó passou a ser o nosso reduto, e sempre que havia algum evento em São Paulo nós ficávamos lá. Foram tantas aventuras, eventos e festas que comparecemos nessa época, tantas escadarias pelas quais eu fui carregado...

Conheci o Sergio Mariah, que leu o meu livro e me propôs fazer um projeto de adaptação da história para o teatro. Nessa época eu viajei, porque nós estávamos com as leis de incentivo cultural aprovadas, mas mesmo assim não conseguimos realizar o projeto.

No apartamento do Guarujá, morando nós três e a Aloha, minha cachorra rottweiler, era um constante entra e sai. Muitas pessoas passavam por lá. Quando tinha algum campeonato na cidade, alguns se instalavam lá. O Guimba era o cara mais figura que frequentava o apartamento. Ele é um cara muito engraçado, simpático e esperto. E costumava entrar pela porta dos fundos sem bater. Por ele ter esse livre acesso em casa, muitas vezes entrava sem fazer barulho, e, ao encontrá-lo do nada, eu tomava um susto. Ele fazia isso para zoar mesmo! Em um final de semana, quando minha mãe estava no apartamento, ela tomou o maior susto quando abriu a porta e o encontrou na cozinha, de bermuda, indo surfar. É que havia uma prancha antiga que ficava no quartinho do Rodnei, e era liberada para quem quisesse usar. De vez em quando o Guimba surfava com ela. Mas surfar não era o problema, o problema surgiu quando o Guimba, além da prancha, também pegou a bermuda do Rodnei, que ficava pendurada na janela. O Rodnei ficou louco quando percebeu a falta da sua bermuda, olhou pelo terraço e o viu surfando com ela.

Nessa época, o circuito brasileiro começou a ser organizado pela empresa Abril. Era o início da era do SuperSurf brasileiro, quando o circuito atingiu seu ápice. No primeiro ano de circuito eu fui contratado como um dos locutores em todas as etapas. E nós fomos a todos os eventos, desde o primeiro, que aconteceu em Maresias, até o último, que aconteceu na praia do Arpoador, no Rio de Janeiro.

E com o meu livro recém-lançado, eu continuava sendo convidado para ir a alguns programas de TV. As gravações nesses programas eram sempre divertidas. Encontrávamos com diversos artistas nos bastidores, como o

Dinho, do Capital Inicial, o Sérgio Reis, apresentadores como Babi, Serginho Groisman, Adriane Galisteu e outros.

Eu conheci um cara no Guarujá que estava abrindo uma pizzaria na antiga sorveteria Caramba. Ele nos ofereceu um pedaço, dizendo que a pizzaria servia por pedaços. Depois de um tempo eu fui me tornando muito amigo dele e depois fiquei amigo de toda família do Leonardo "Zebrinha".

Fizemos muita bagunça nessa época, talvez nem dê para contar tudo, tantas foram as doideiras pelas quais eu passei. Uma dessas loucuras foi ter promovido um show da Tribo de Jah, na casa de shows Mistral, na Enseada no Guarujá. Esse show tinha tudo para ser um sucesso, mas choveu tanto naquele dia que poucas pessoas compareceram, e quase tomei um prejuízo.

O nosso point à noite era um forró que rolava no centrinho. Muita gente ia lá. Foram dias intensos, nos quais eu não perdia nenhum evento.

Além de toda essa loucura acontecer em casa, eu também frequentava direto o apartamento do Marco, da Bad Boy. Eu o conheço desde a época do surfe no Guarujá, antes dos campeonatos. Já havíamos feito várias viagens para o sul juntos, mas não convivíamos fazia um bom tempo. Ele tinha uma loja da Bad Boy no shopping do Guarujá, sempre estava por lá, e no seu apartamento eu ficava atualizado sobre as novidades que aconteciam no mundo.

Ele já andava de kite, foi um dos primeiros no Brasil, e também tinha moto aquática. Nessa época foi ele quem comentou comigo que viu o Laird Hamilton pirado, pois ele o viu no Havaí remando em pé numa prancha mais larga e grossa. A teoria dele era de estar ressuscitando a prática dos antigos havaianos. Ele fazia isso no início da descoberta e do surfe em Jaws, em Maui.

O Marco agilizava diversas coisas. Até uma casa-empresa ele montou no Guarujá, para nós tocarmos o site da Bad Boy. Eu sabia mexer bem no computador e fazer páginas em HTML. O legal dessa época era postar diariamente um *surf report* com fotos de todas as praias do Guarujá e sua condição de surfe pela manhã. Mas, com a queda da Nasdaq e o estouro da bolha da internet no final de 2000, a nossa empresa virtual também parou.

O Denis, que é irmão do Rodnei, foi outra pessoa que passou um tempo me ajudando. Ele foi, sem dúvida, o cara mais intenso que morou comigo. Além de ser uma pessoa extremamente engraçada, também era muito pilhado. Ele me fazia rir e no momento seguinte conseguia me tirar do sério. E passamos um dos episódios mais engraçados, quando fui com ele e o Fabinho Littleman numa sessão de fisioterapia na Fundação Selma, em São Paulo. Quando chegamos lá, o Denis, que é um cara baixinho, e o Fabinho, que é menor ainda, tinham que me tirar do carro. Paramos em frente à porta, e notei que todo mundo dentro da fundação parou para assistir àquela cena bizarra. Os dois eram muito pequenos para me carregar, mas eram black trunks, e não havia barreiras para nós.

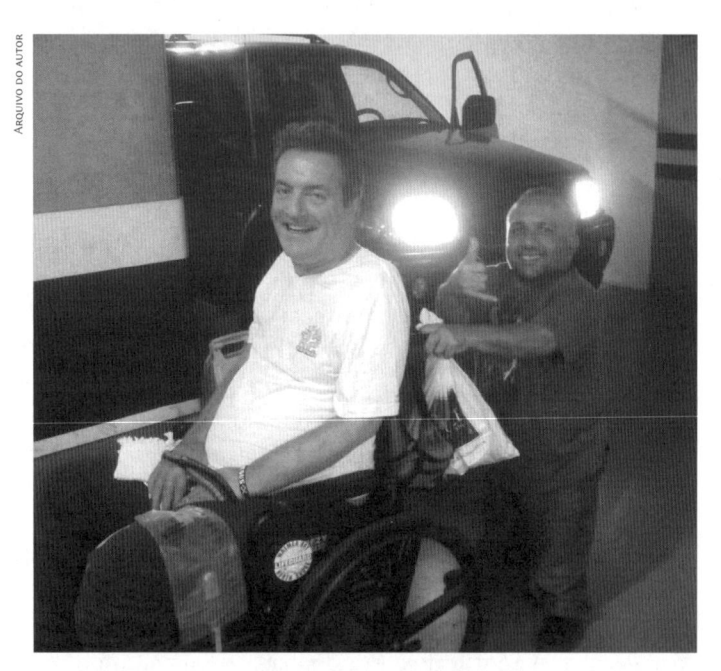

COM FABINHO ANÃO.

Algumas vezes era preciso botar ordem na casa, e quando eu dava a bronca, eles me chamavam de "Gargamel". O Denis, depois de zoar, quando aprontava alguma, me dizia:
– Bate na minha cara, Gargamel!
Pegava a minha mão e enfiava na sua própria cara. E eram tapas tão fortes que no dia seguinte a palma da minha mão ficava roxa.
Nessa cadeira de rodas presenciei muita coisa. Eu encontrei, conheci e conversei com muitas pessoas. A princípio, nos eventos, as pessoas ficavam tímidas comigo. E eu as via me olhando de longe. Após um tempo, vinham conversar comigo, e nessa hora o mesmo episódio se repetia porque o acelerador da minha cadeira motorizada fica bem na minha frente, e a tendência das pessoas, quando me encontram, é dar um abraço. Mas, muitas vezes,

esse abraço aciona o acelerador, que fica na frente do peito e abaixo do queixo. O pior é que quando a cadeira sai andando e atropelando quem estiver na frente, eu não posso fazer nada, e a pessoa nem imagina que é ela quem está acelerando.

    Vivendo loucuras tão intensas, às vezes, eu me cansava de ter que ficar lutando para as minhas coisas serem respeitadas. O Rodnei e o Cebola sempre foram pontas firmes comigo, e sempre me respeitaram. Mas houve pessoas que me tiraram do sério, algumas folgando pesado. E eu, na minha situação de não poder ir atrás e botar para quebrar, ficava só nas "duras verbais". Os caras me apelidaram de Gargamel, porque eu, quando ficava nervoso, soltava o verbo! Enfim, são os ossos do ofício. Ajoelhou tem que rezar. Remou, tem que dropar. E agradeço a Deus por ter me guardado e me permitido viver tão intensamente essa época, mesmo sem poder me mexer.

A vontade é grande

Um dia acordei cedo e saí de casa para aproveitar o dia quente que fazia no Guarujá. Como de costume, resolvi sair pelas ruas da cidade pilotando a minha cadeira motorizada que controlo com o queixo.

A cidade costuma ficar bem vazia quando não é temporada de férias. Eu fui andando pelo canto da rua, a caminho do prédio onde um amigo meu morava. Mas, quando cheguei lá, sou surpreendido pelo portão, que estava fechado. Era um portão de ferro e havia um cadeado. O prédio estava vazio e também não havia porteiro. Fiquei pensando como poderia fazer para entrar.

Então olhei para o portão e vi uma estreita passagem pelo lado. Mas só seria possível passar por ali se eu estivesse em pé. E, nesse meu momento de agonia, pensei em me levantar, e me levanto.

Ué, como foi que eu consegui fazer isso?

Foi muito simples me levantar, e fiquei pensando porque passei tanto tempo vacilando, ficando sentado naquela cadeira e tomando canseira.

E passei tranquilamente pelo lado do portão. Segui em frente caminhando e curtindo cada passo. O meu caminhar era como se estivesse flutuando, e a liberdade que estava sentindo era grande. No caminho, que era cercado por um jardim, tudo estava vazio. E eu sentia uma imensa felicidade.

De repente, me deu um branco, e me lembrei de que todos os meus documentos haviam ficado na pochete, pendurada na cadeira. Retornei imediatamente, preocupado com as minhas coisas. Ao caminhar eu pensava: "Mas por que então demorei tanto para fazer isso?".

Mas no momento em que cheguei de volta ao portão, quando olhei para a minha cadeira vazia, tomei um susto... E acordei.

Sonhos acontecem

Eu convivia com muitos amigos, e em casa sempre havia constante movimentação. Um dia, enquanto eu estava na rua, embaixo do prédio passeando com a minha rottweiler, Aloha, um amigo chamado Vitor se aproximou. Ele estava chegando da praia e carregava uma prancha. Quando ele passou por perto, a minha rotweiller latiu e deu-lhe um susto... A sua reação foi espontânea: largou a prancha no chão e saiu correndo. Mas foi tranquilo, porque ela não atacou. A Aloha costumava botar ordem no território que ela designava ser dela, e quando enquadrava era para amedrontar, sem nunca morder.

Todo mundo ali estava rindo daquela cena, inclusive uma menina que estava sentada sozinha em um banco.

Então eu cheguei perto dela para me explicar, já advogando a atitude de Aloha. Depois de me apresentar, a menina disse que se chamava Diana. E a Aloha rapidamente ficou amiga dela. Ela me disse que estava em seu horário de almoço, e que trabalhava numa imobiliária próxima dali. Teve que ir embora rápido, porque o horário de almoço já estava terminando. Ela me deu tchau e partiu...

Após o nosso encontro-relâmpago, tentei algumas vezes localizá-la sempre quando passava por onde eu pensava ser a tal imobiliária. Eu olhava para dentro, mas não a encontrava.

Passaram alguns dias, quando fui almoçar num restaurante bem em frente do dito lugar. Depois do almoço, sem nem pensar em nada, eu avistei minha amiga Diana. Ela estava em outro lugar. Era uma imobiliária vizinha daquela, diferente da qual eu imaginava ser.

Após o almoço passei lá para revê-la. Nós conversamos um pouco. A partir desse dia, sempre que eu passava por ali parava para falar com ela. Eram boas as nossas conversas, e eu notava como ela sempre trabalhava bonita e bem-vestida.

Um dia eu a convidei para almoçar em casa, mas ela não aceitou. Demorou algum tempo até ela aceitar o meu convite, e quando ela resolveu ir, comemos um prato que eu achava muito bom: rondelli. Após o almoço fomos até o terraço, e quando a claridade iluminou o rosto dela notei que seus olhos brilhavam na cor verde.

Não somente pelos seus belos olhos, mas por eu curtir muito nossas conversas, passei a me encontrar diversas vezes com Diana.

Eu calculava os horários de saída dela, e aparecia nesses momentos para acompanhá-la até a sua casa.

Um dia levei flores para ela, dando a entender que ela era especial para mim. Apesar de gostar das flores, ela me disse para eu não me iludir, e que éramos apenas amigos. Eu ficava pensando sozinho: "Será que vale a pena me envolver com ela? Não seria loucura?"

No meu íntimo eu sabia que não seria loucura, se eu realmente gostasse dela.

E continuei fazendo as minhas paradas na imobiliária. Era bem agradável conversar com ela, e não pensava em apenas ser amigo, pois já estava com segundas intenções... E continuei insistindo, mas sem impregnar... E eu sabia que o mais difícil, e talvez impossível, seria conseguir algo com ela.

Eu sei como funciona uma paquera normal. Mas eu também já conhecia as dificuldades de conquistar uma garota na minha situação, numa cadeira de rodas. Sei que não existe atração ou amor à primeira vista nos primeiros encontros. Talvez o que uma mulher possa sentir ao me ver não passe de curiosidade, porque o que as pessoas enxergam primeiramente é a cadeira, depois quem está nela. Enfim... desistir jamais!

E eu insistia, devagar e sempre era a minha estratégia.

Passei meses correndo atrás e investindo. Eu já imaginava que aquilo devia estar parecendo loucura para ela, mas mantinha as coisas sempre no limite.

A minha intenção, e eu deixava isso claro, não era ser apenas um amigo. E ela não me dava mole!

Um dia, acompanhando-a até a sua casa, fui novamente me declarando. Quando nos despedimos, ela me chamou num canto e foi direta. Disse-me francamente para eu desistir, e que parasse de azarar, porque não ia rolar nada.

Fui embora, depois desse tremendo "balde de água fria", decidido que seria melhor desistir mesmo. Mas o pior era, depois dessa sinceridade, eu gostar ainda mais dela... Desiludido, cheguei à conclusão de que Diana tinha razão. Eu, um marmanjo de quarenta anos numa cadeira de rodas, atrás de uma garota de menos de vinte. Eu estava doido mesmo, e deveria ser muita pressão para ela. Então, eu parei de cercar.

Na semana seguinte viajei para o Sul, pois havia sido convidado para trabalhar na locução de um campeonato, que prometia ser bem legal. Seria em Florianópolis, e era a estreia do WCT (circuito mundial de surfe de elite) no Brasil. Fomos de carro para o Sul eu, Rodnei e Lê Zebrinha. Passamos boas aventuras ali. Cruzamos com Paulo Padeiro, que mora lá e tem três filhos. O campeonato era móvel, e cada dia aconteceu em um lugar diferente. Em um dos dias nós fomos até a Silveira, e havia muita chuva e lama. A final aconteceu nas boas ondas da praia da Vila, em Imbituba. O Kelly Slater venceu.

Retornamos ao Guarujá depois de dez dias, e eu estava tranquilo e desencanado. Depois de alguns dias o telefone tocou, e era a Diana. Conversamos um pouco, e no meio da conversa ela me disse que havia voltado com o ex-namorado... Na hora respondi:

– Ah é? Mas e aí? Você está me ligando para me contar isso?

Desliguei sem entender nada, e nem sei por que ela estava me ligando para contar aquilo. Eu desencanei. Como diria o Brasil, um carioca que conheci na época dos *pedicabs* no Havaí: "Deu valete na parada".

Passaram algumas semanas, e eu estava chegando no meu prédio, quando a vi sentada bem em frente. Então ela se aproximou... Conversamos um pouco, e ela me disse que havia terminado com o namorado.

Eu já estava cansado de insistir.

Houve uma época em que a Aloha havia entrado no cio. Na rua apareceu um cachorro que era doido por ela. O cachorro passava o dia inteiro esperando ela sair no portão do prédio comigo, e a atitude dele me serviu de inspiração...

Eu não tinha mais nada a perder, e voltei a procurá-la. Comecei a tentar roubar um beijinho nas nossas despedidas. Mas ela era muito esperta, sabia se esquivar. Nas minhas incansáveis tentativas, um dia eu acertei um selinho no cantinho da boca dela.

Certa vez, precisei encontrar alguém para passar a noite comigo, porque eu iria ficar sozinho... e não posso ficar sozinho à noite. Então eu perguntei para a Diana se ela poderia fazer isso, passar a noite comigo.

Ela morava com a tia, e não sei como conseguiu, mas ela foi.

Naquela noite obviamente não consegui dormir. E, com as luzes apagadas, depois de muita conversa já no alto da madrugada, nós demos o nosso primeiro beijo!

Depois disso passei os meus momentos de glória. Eu me tornei o cara mais feliz do mundo.

Estávamos namorando, mas não contamos para ninguém. Porque muitas coisas conspiravam contra nós, e a família dela provavelmente não iria aprovar. Eu já estava acostumado a ignorar o que os outros pensam, mas essa era a minha atitude, e não a dela. Então mantivemos nosso namoro em segredo.

Passei os dias seguintes com paixão e diversão, mas às vezes sentia que ela estava confusa. Tudo para nós era gostoso e novidade, mas também rolavam os parafusos mentais. Ela teve seus cinco minutos de paranoia, e, em uma manhã, resolveu sair andando, achando que era muita loucura aquilo.

Mas não demorou muito, só o suficiente para eu chorar um dia e meio, e depois de mais alguns dias, ela voltou.

Essas coisas aconteceram durante o ano de 2003, e, a partir do início do ano seguinte, nós assumimos publicamente nosso romance. Eu a ajudei a sair da casa da tia, e ela se mudou para casa. Em 2005 nós nos casamos, e em 2013, foi a cerimônia na igreja.

Eu e Diana, 2005.

A Diana é uma pessoa divertida e companheira. Só nós sabemos como é difícil lidar com a incompreensão das pessoas. As pessoas têm o instinto de julgar a vida dos outros, mas Deus está no centro de nossas vidas. E se o tempo fosse dizer algo, esse algo já havia sido dito!

Sempre que possível fazemos algumas viagens. Fizemos alguns cruzeiros, fomos até a Califórnia, Peru e Salvador. Fomos ao show dos Rolling Stones no Rio de Janeiro em 2006, numa peregrinação do rock. Visitamos Campos do Jordão e uma antiga fazenda em Araraquara e demos alguns rolês pelo litoral paulista, incluindo Ilhabela.

"Aquele que encontra e esposa acha o bem, e encontra a benevolência do Senhor." (Provérbios 18:22)

A vida nos surpreende! Por isso, sempre acredite nos seus sonhos. Persevere e acredite, porque Deus tem o melhor reservado para você.

A saga da Paúba

Depois que sofri o acidente, a praia da Paúba passou a ser um lugar fantasma para mim. Por quase ter acabado com a minha vida, além de ter roubado a minha independência, eu não conseguia mais ter simpatia por aquele lugar. É estranho sentir rancor por um lugar, mas, por quase uma década, desgostei da Paúba.

PASSEI ANOS CULTIVANDO UM MONSTRO, ATÉ ENFRENTÁ-LO EM 2000.

E sempre que passava por lá, ao ver as placas, me batia um sentimento ruim. E era assim que eu lia a placa: Paúúúúbaaaaa!

PAÚBA.

O tempo passou e o fantasma da Paúba sempre me perseguiu.

Mas após dez anos, quando estive por lá para participar como locutor do campeonato SuperSurf no ano 2000, me deu vontade de entrar novamente. Eu queria rever o local, porque já estava cansado de viver com fantasmas. Afinal, que culpa tinha aquele lugar?

Já era hora de acabar com aquele "grilo". E quando entramos lá, durante o pequeno percurso pela estradinha de terra até a praia, eu relembrava o cenário. Ali foi o último trecho onde dirigi um carro. Notei que muitas casas haviam sido construídas nos últimos anos, e também reparei que as árvores estavam maiores. O lugar estava um pouco diferente, mas a mata continuava exuberante e o caminho era o mesmo. Paramos o carro na mesma vaga que eu havia parado da última vez que fui surfar. E dali era possível visualizar o mar.

De dentro do carro eu observei aquela praia linda por alguns minutos. O mar estava bem calmo e o dia estava lindo. Não havia nenhum fantasma ali. Então eu me perguntei outra vez: "Que culpa tem esse lugar?"

E a partir daquele momento, eu matei o fantasma que habitava há anos no meu coração.

Depois de me curar do "mal da paúba", seguimos para Maresias. Nos quatro dias seguintes trabalhei na locução do campeonato. Ficamos instalados num hotel em Maresias. Durante o evento, fui convidado para gravar uma entrevista sobre o acidente. E, para a minha surpresa, eles queriam fazer a entrevista na praia da Paúba.

Eu concordei, porque para mim não havia mais problema. E assim que a competição terminou nós fomos até lá. Fomos eu, Rodnei, Cebola e Davi Hoffman, que é um amigo nosso do Espírito Santo. A equipe de reportagem foi em outro carro.

Na areia da Paúba, pedi para ficar sentado numa cadeira de praia. Também solicitei que me trouxessem uma água de coco gelada. A minha intenção era tirar uma onda, e mostrar que eu havia vencido a Paúba. Agi como se estivesse competindo com a Paúba, e fui arrogante. Fiz na entrevista a idiota declaração de que havia vencido a Paúba, que havia tentado me matar... Só que a arrogância precede as quedas. E comigo não foi diferente. Enquanto nos preparávamos para voltar para o carro, eu estava mastigando uma bala. E quando fui colocado no assento do veículo, aspirei um pedaço daquela bala. Então me engasguei, e o pedaço ficou entalado na minha traqueia. Engasgar é ruim para qualquer um, mas é ainda mais perigoso para mim, porque não tenho força suficiente para tossir.

E para piorar ainda mais a situação, fiquei engasgado sozinho dentro do carro, com o som ligado no volume máximo. Eu podia escutar a galera brincando do lado de fora, mas não conseguia parar de tossir e avisá-los. Ninguém estava percebendo o meu drama, e eu já estava ficando cansado. A primeira pessoa que entrou no carro não percebeu a minha agonia. Somente quando a segunda pessoa entrou é que perceberam que algo errado estava acontecendo... E logo desligaram o som. Assim consegui explicar que era preciso deitar o encosto do banco, e que alguém, enquanto eu tossia, desse empurrões na minha barriga para ajudar. Começou então a sessão dos apertos na minha barriga e, comigo deitado na horizontal, não demorou muito até o pedaço de bala ser expelido. Que alívio... Ufa! Vivi novamente.

Seria muita ironia eu morrer justamente na Paúba, ainda mais engasgado por uma bala. Mas sei que é possível isso acontecer, porque muitos morrem engasgados. Por isso todo cuidado é pouco!

Caminho de pedras

Passei por dias difíceis. O acidente, o desespero, a fase de diagnósticos, o pavor. No início da recuperação, a sensação era de que haviam cortado as minhas asas. Da liberdade de andar, correr, nadar, viajar, surfar para uma total imobilidade física e o internamento em um hospital. Eu sobrevivi!

Fiquei conectado em vários aparelhos e lutei para sobreviver. Em um milésimo de segundo, e por uma fatalidade corriqueira, passei para outra realidade. E foi uma dolorosa transição. Além do mal-estar físico que sentia, pior ainda era o lado psicológico. Eu tinha muito medo de pensar em como seria o meu futuro naquela nova situação. Não imaginava como iria me virar sem poder me mover.

Eu me senti estranho quando saí de casa pela primeira vez numa cadeira de rodas. Foi assustador me olhar sentado na cadeira, através do reflexo do vidro. O meu ego logo perguntou: "Quem é esse cara aí?"

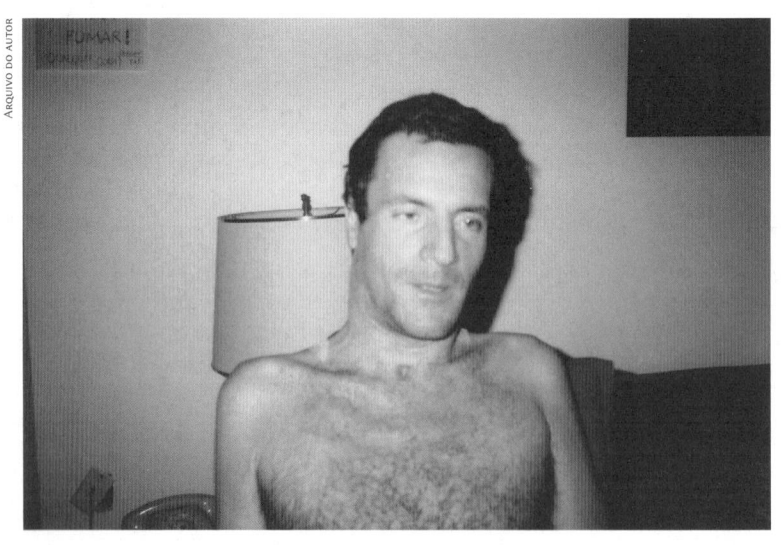

Seis meses após o acidente, 1992.

Eu me sentia constrangido por estar em uma cadeira de rodas. E até conseguir assimilar isto demora... Porque aquele acessório de rodas "não me representava", mas não havia outra alternativa para sair da cama, que era ainda pior. Felizmente, mesmo envergonhado, sempre saí de casa, embora muitas vezes sentisse vontade de sumir. Socialmente tudo era muito diferente, porque não era mais possível chegar aos lugares sem ser notado, ou ir embora de fininho. Quando eu me desloco todo mundo me vê. Passei vários meses acamado. Eu podia não gostar de uma cadeira de rodas, mas ficar deitado meses numa cama estava me deixando embolorado. Passar da cama para uma cadeira de rodas era uma evolução. E para aceitar que o meu físico não era mais aquele de antes? O Taiu surfista passou a ser um cadeirante, e acordar e lembrar disto era um pesadelo. Passei momentos solitários de profunda reflexão. Nessa fase eu me provei valente.

Este mundo não foi planejado para quem anda em uma cadeira de rodas. Driblar barreiras faz parte do meu dia a dia, e elas não são poucas. Seja na forma de degraus, enfermidades, frustrações, preconceitos e, muitas vezes, descaso. Mas aprendo com as situações e vou me fortalecendo.

No início da minha transição, se alguém pronunciasse a palavra "tetraplégico", que mais parece um palavrão, era como se fosse uma agressão, porque aquela situação para mim seria passageira, e a minha esperança era a de que tudo voltaria ao normal em breve.

Tentei diversos tratamentos. Acupuntura elétrica com um chinês, fisioterapia, médicos, operações espirituais e nada. Mas o tempo é o melhor remédio, pois é ele quem tem o poder de curar as feridas. E o tempo foi passando, mas a minha pretendida evolução motora não acompanhou o desejo de voltar a andar. A realidade foi se revelando mês após mês, ano após ano. Contudo, nunca perdi a esperança de que ainda possa existir algum tipo de melhora motora. Mas também nunca vivi dependendo disso. As expectativas ainda existem, mas elas são controladas.

A parte mais chata de tudo é depender das pessoas para fazer as coisas básicas. Sem movimentar os braços, a dependência em atividades simples passou a fazer parte da minha rotina.

Eu posso ter problemas estando sozinho. Porque se eu cair no chão, não poderei me levantar. E se quiser pegar algo em algum lugar não vou conseguir. Para me ajeitar na cadeira, terei que pedir ajuda. Então, a minha vida tem que ter planejamento e devo estar preparado para enfrentar todos os tipos de imprevistos. Para eu comer, ir ao banheiro ou tomar banho, tenho que me programar. Hoje tenho clareza de saber que viver de forma independente é uma dádiva. A maioria das pessoas nem questiona isso. Não percebemos o quanto é bom andar e se mover. Somente quando alguém convive alguns dias comigo é que passa a valorizar essas coisas.

Muitas vezes, por mais difícil ou impossível que uma situação possa parecer, acredite que é possível superá-la. Quando você percebe que não há outro caminho, a aceitação serena é o início. Depois, deve-se buscar com determinação a força para um recomeço e uma reaprendizagem, pois a nossa força interior não é medida quando as coisas vão bem. É nas respostas às adversidades que o mundo escolhe os fortes.

Banzai Pipeline, 1989.

Tombos com a cadeira de rodas

A vida é um desafio cheio de perigos. A força da gravidade não falha, e todos nós estamos arriscados a cair no chão. Mas o risco de uma queda se tornou ainda maior para mim porque, estando numa cadeira de rodas, sem poder mexer os braços, um tombo pode me trazer graves consequências. E eu já fui parar no chão algumas vezes, mas em todas as vezes Deus me ajudou.

Queda em solo vulcânico

Eu estava sentado na minha cadeira de rodas de empurrar no acostamento da praia de Laniakea, no Havaí, enquanto assistia ao meus amigos surfarem. Era um dia de boas ondas, e por algum motivo eu não estava na cadeira motorizada. O vento naquele dia estava forte. Conforme os amigos saíam da água, se reuniam ao meu redor para comentar sobre as ondas surfadas. As pranchas iam sendo colocadas embaixo do carro para que não voassem. Depois de ouvir muitas histórias e relatos sobre as ondas surfadas, começamos a nos preparar para ir embora. Um deles entrou no carro para manobrá-lo. Mas, na hora que o carro se moveu, as pranchas que estavam embaixo dele começaram a ser esmagadas. Começou então uma gritaria:

– Parem! Parem o carro!

Nesse momento de desespero, todos correram para socorrer as pranchas. E a pessoa que estava segurando a minha cadeira também. Era muito pequena a distância que havia entre eu e um abismo com mais de um metro de altura até a praia. A cadeira, por estar desbrecada, começou a andar em direção ao barranco. E não pude fazer nada, a não ser gritar.

Despenquei barranco abaixo. E a queda foi feia!

Até hoje não sei como uma das rodinhas frontais da cadeira tocou na única pedra que havia na encosta daquele barranco. E foi isso que permitiu à cadeira tombar de lado e não de frente. Ao cair de lado, eu saí rolando pela areia pedregosa da praia. Eu não sei se teria tanta sorte assim se caísse de frente.

Rapidamente as pessoas que estavam por perto vieram me socorrer. Depois que voltei a sentar na cadeira me vi todo arrebentado. Na queda, bati o joelho e esfolei o rosto. Também machuquei o braço e a perna, mas por sorte não havia quebrado nada. No entanto, os cortes de coral são muito ruins porque são cheios de bactérias. No dia seguinte estavam todos abertos e infeccionados. De todos os "caldos" que já tomei no Havaí, sem dúvida, esse foi o pior!

Campos do Jordão

Fazia muito calor no Guarujá quando Diana e eu fomos conhecer a cidade de Campos do Jordão, no verão de 2006. Nós fomos até lá com uma minivan, e nela era possível levar muita coisa. Aproveitamos também para levar uma bicicleta, pois assim poderíamos dar uma boa explorada pela cidade. Acordamos cedo na linda cidade, que parece europeia. O clima diferente de montanha e o dia ensolarado nos inspiraram para darmos uma volta pela cidade. Então saímos, eu em minha cadeira e a Diana na bicicleta. Descemos o morro do hotel onde estávamos instalados, e ao entrarmos na avenida principal, em direção ao centro de Capivari, os carros estavam nos ultrapassando em alta velocidade. Nós estávamos indo pelo canto da avenida, e decidimos, por segurança, ir pela calçada.

No caminho pela calçada eu não notei que as rampas de acesso eram bem inclinadas, totalmente fora do padrão das normas técnicas. Quando atravessei uma das ruas que cruzava a avenida, e fui subir a rampa de acesso à calçada, a cadeira empinou. Quando isso acontece, fico parado e sustentado pelas duas rodinhas de segurança que existem na traseira da minha cadeira, justamente para situações desse tipo. Mas a rua que estava atravessando era uma descida e, além de empinada, a cadeira começou a inclinar para a minha esquerda até tombar com tudo! Caí de cara naquele asfalto duro! Tomei o maior susto, pensei que havia me esborrachado... Mas o que me salvou foi o fato de estar preso à cadeira com um cinto e, quando ela caiu no chão, o impacto da queda foi absorvido pela sua estrutura. Mas, mesmo assim, bati com o rosto no asfalto, e na hora imaginei que havia aberto algum corte.

A Diana se aproximou desesperada e, junto com algumas pessoas que pararam para ajudar, fui socorrido. Eu fui desvirado com a cadeira e, depois de voltar a ficar sentado novamente, por sorte constatei que o prejuízo não era grande. Meu rosto não tinha nenhum corte, não havia quebrado nenhum osso e a cadeira estava funcionando. Eu só estava sentindo a dor da pancada. Sacudimos a poeira e seguimos em frente até a primeira farmácia!

Colisão I

Algumas vezes, quando ando com a minha cadeira motorizada pelas ruas do Guarujá, vou pela contramão. É impossível andar longas distâncias pelas calçadas, porque elas são muito esburacadas. As calçadas do Guarujá são feitas com pedras portuguesas, e a manutenção as tornam cada vez piores. Assim, prefiro me deslocar pela rua, porque mesmo sendo também bem esburacada, não existem obstáculos.

Eu sempre vou pelo cantinho da rua, e quando vou contra o fluxo de carros, posso vê-los se aproximando. Mesmo andando sempre na defensiva, e esperando os carros passarem para eu seguir, o perigo está nas bicicletas. Muitas delas andam sem freios, e os ciclistas não respeitam as regras de trânsito. Uma vez estava indo para o centro, e seguia na contramão. No momento em que passava ao lado de um carro estacionado, uma bicicleta, que vinha no sentido contrário pela calçada, sem me ver, desceu para a rua com tudo. Quando entrou no mesmo corredor que eu, mas no sentido contrário, só deu tempo de tentar frear. Houve a colisão, mas, por sorte, o que me acertou foi o pneu da bicicleta "barra forte". A roda havia passado entre as minhas pernas, batendo na estrutura da cadeira. Dei uma forte balançada e tomei um susto, mas ninguém se machucou. Apenas o suporte dos pés da cadeira quebrou um pouco, mas de resto, nada grave.

Colisão II

Alguns anos se passaram até eu sofrer novamente outra colisão. Novamente bati numa bicicleta enquanto voltava pela rua da praia, na contramão com o trânsito parado. Havia uma fila de carros parados, e eu estava indo pelo corredor. Quando a fila de carros andou, abriu um espaço entre os carros na minha frente. Nesse momento vinham duas meninas pedalando em alta velocidade no sentido contrário, pelo outro corredor. Mais uma vez, sem ver que eu estava ali, uma delas resolveu trocar de corredor. Ao entrar a toda velocidade, eu pensei que fosse uma moto vindo para cima de mim. Ela bateu, e a bicicleta travou o pedal na lateral da minha cadeira. A menina saiu voando pelo meu lado esquerdo e caiu no asfalto atrás de mim. Ela se levantou assustada e nem falou nada, devia estar "em choque" por ter batido num cadeirante. Subiu na bicicleta e saiu rapidinho. Algumas pessoas correram para ajudar, porque caíram óculos, telefone e por um triz eu também não vou parar no chão. Mais uma vez nada de grave aconteceu, somente um leve inchaço na canela.

Tombo dentro do ônibus I

Quando descobri que era possível andar de ônibus pelo Guarujá, eu comecei a andar sem parar. Mas sempre percebi que o acesso ao elevador era um momento perigoso. Na hora de entrar e sair do ônibus o cadeirante tem que ficar em cima de uma plataforma, que é elevada a mais de um metro do chão. Não há margem para erros, porque, na hora de sair, é preciso andar nela até a beirada. Se cair dali ninguém vai aguentar segurar a cadeira e eu, que juntos somamos duzentos quilos. Mas o perigo de andar de ônibus também estava nas curvas. E não imaginava o quanto era fácil a cadeira tombar numa curva até me ver de cabeça para baixo nos degraus do ônibus.

O motorista que provocou essa queda é um delinquente no volante. Mesmo sendo curto o trecho que eu pretendia utilizar, e o motorista estar ciente de que um cadeirante estava a bordo, ele dirigia o veículo agressivamente. Quando o semáforo de um cruzamento ficou amarelo, em vez de parar, ele acelerou com tudo para dar tempo de passar. Conforme a curva era feita para a esquerda em aceleração, comecei a sentir a minha cadeira inclinando. Havia um passageiro sentado no banco da frente, e ele viu que eu ia cair. Mas foi muito rápido e quando percebi já tinha tombado. Os passageiros começaram a gritar pedindo para o motorista parar, porque ele continuava acelerando. Quando ele parou, muitos se apressaram em me ajudar, inclusive o motorista que agora estava chocado. Novamente por estar preso na minha cadeira, o pior não me aconteceu. Depois de voltar para a posição normal, verifiquei se havia algum sangramento na cabeça. E por sorte, não! Era somente muita dor na cabeça, e a cadeira também estava intacta. Reclamei com a empresa na ocasião, e entramos num acordo. Solicitei que a empresa tomasse as devidas providências, sugerindo que os cadeirantes viajassem com a cadeira fixada no chão, como acontece nas vans e nos táxis. E eles prometeram tomar as providências, sem intervenção jurídica.

Tombo dentro do ônibus II

Parece piada, ou pensam que sou um idiota. Mas, por incrível que possa parecer, dois anos depois sofri outra queda novamente dentro do ônibus, da mesma empresa. Providências? É claro que nada havia mudado.

Foi exatamente da mesma maneira como havia ocorrido da outra vez, só que dessa vez a queda foi ainda mais violenta. Na mesma ignorância do primeiro motorista, ao entrar imprudentemente numa curva para a esquerda, ele acelerou. Um buraco no asfalto provocou um balanço e ajudou ainda mais para que eu fosse lançado com força, de cabeça, na porta do ônibus. Desta vez a queda foi mais grave. Além de bater o nariz e a testa, que sangravam nos degraus, eu estava de ponta-cabeça. Os passageiros gritavam para o motorista parar, e eu gritava caído para que o motorista não abrisse a porta, pois estava com medo de ir parar no asfalto. O motorista ainda andou uns cem metros antes de parar, e quando parou abriu a porta.

Fui salvo por dois garotos que estavam dentro do ônibus. Eles e mais alguns me seguraram para eu não ir parar no asfalto, e depois me ajudaram, desvirando a cadeira. O motorista chegou tremendo, mostrando que era despreparado não somente dirigindo, mas também na hora da emergência. Eu desci daquele ônibus me sentindo envergonhado por novamente ter passado por essa situação. Será que sou idiota ou, na verdade, a culpa é de um irresponsável? As duas pessoas que me ajudaram dentro do ônibus desceram comigo e foram me acompanhando até o local onde eu me tratei. Depois de limpar os cortes e fazer o principal, que é a aplicação de gelo na pancada, melhorei. Mas fiquei com um hematoma no rosto uma semana, e com o nariz dolorido por um mês. Tive um pequeno corte na testa, e procurei, desta vez com apoio jurídico, fazer essa empresa tornar seguro o transporte de cadeirantes.

Todas as quedas que descrevi aconteceram em público, em geral, na rua. Cair no chão na presença de pessoas, apesar de ser um momento constrangedor, é bem melhor do que cair e não ter ninguém por perto para ajudar. Porque cair sem tem ninguém para ajudar também já aconteceu comigo...

VOLTANDO A ANDAR DE ÔNIBUS, 2009.

À deriva

Para ser possível levar minha vida de forma independente, dependo da minha cadeira motorizada e do palitinho. Desta forma, posso me locomover livremente, falar ao telefone e usar o computador. Mas, às vezes, eu me esqueço de que estou numa situação na qual não sou totalmente independente.

Um dia, quando eu menos esperava, precisei de ajuda e não havia ninguém por perto. Quando fico na minha estação, com computador, telefone e televisão, tenho acesso a tudo. E quase sempre passo alguns momentos sozinho, somente eu e os cachorros.

Mas, uma vez, durante uma dessas tardes de independência, passei a maior prova de toda minha vida como cadeirante.

Era uma tarde no início de dezembro, quando a Diana saiu para trabalhar. Enquanto eu acessava o computador concentrado na sala, eu não percebia a minha perna ficando gelada por causa do vento forte que soprava lá fora. Foi quando eu resolvi mudar o canal da televisão. Para fazer isso, eu me aproximei dela, mas, quando me virei para acionar os botões com o palitinho, tive uma contração violenta.

Foi um espasmo muito forte! Essas contrações dos músculos, quando violentas, podem me desajeitar da cadeira. E, nesse espasmo, as minhas pernas esticaram completamente, e escorreguei com o quadril para a frente. Quando isso acontece, eu costumo só dar uma envergada, e depois tudo volta ao normal. Mas desta vez os meus pés ficaram encostados no chão, e eu estava em perigo.

Quando tentei retornar de ré até a minha mesa, porque assim poderia telefonar e pedir ajuda na portaria, conforme a cadeira se deslocava, o meu corpo escorregava cada vez mais para frente.

Quando consegui chegar à mesa, já estava quase deitado na cadeira, e não consegui alcançar o telefone.

E agora, Taiu?

Eu estava sozinho, sem comunicação e caindo da cadeira. A única coisa possível de se fazer naquele momento era deslocar a cadeira mais para trás, e assim esticar as minhas pernas. Para conseguir acionar o controle, usei o palito, tamanha era a minha distância do acelerador.

A minha sorte é que quando escorreguei os meus braços se abriram e ficaram enganchados na estrutura da cadeia. Apesar dessa posição ser desconfortável e dolorida, era melhor ficar sentado do que caído naquele chão frio.

Fui me preparando mentalmente para ficar um bom tempo naquela posição. Eu não tinha ideia de quanto aquilo iria durar, mas eu sabia que o limite seria quando a Diana chegasse do trabalho em seis horas. Procurei manter a calma. Eu estava sentindo a plenitude verdadeira da minha incapacidade física. Sem ajuda dos equipamentos e das pessoas, sentia o quão impossível seria sobreviver sozinho. Então, só me restava ficar observando a sala, os cães e a televisão, que estava ligada. E nessas horas o tempo passava devagar.

Esperei, esperei e esperei... Devido ao contato direto das minhas pernas com o chão gelado comecei a sentir frio. Eu também estava sentindo dor por causa do contato com o chão duro por tanto tempo.

Eu não havia combinado nada com ninguém, então somente por muita sorte alguém poderia aparecer no apartamento para me socorrer. O mal-estar era progressivo, e quanto mais o tempo passava, maior era o meu desconforto.

Passadas umas quatro horas, o celular tocou!

Eu utilizo o telefone usando fone de ouvido, e o deixo programado para atendimento automático. O telefone dá dois toques e a pessoa já fica no ar. Sabendo que havia alguém do outro lado da linha, ali poderia estar o fim do meu pesadelo.

Então eu comecei a falar em voz alta e pausadamente porque o fone não estava na minha orelha. Descrevi qual era a minha situação, pedindo para quem quer que fosse que ligasse para a portaria. Passei o número, repetindo três vezes!

Não demorou muito e a porta do apartamento se abriu! Era o porteiro chegando. Quando olhei para ele, percebi sua cara de espanto. Então pedi para ele telefonar para o zelador e para meu amigo Naul. Quando expliquei a situação, Naul chegou em cinco minutos. Eu poderia estar revoltado ao sair daquele chão duro e gelado, mas estava feliz. Mas muito feliz mesmo, porque a situação havia terminado e para mim, dali em diante, seria só alegria. Fui para o chuveiro quente e fiquei lá até elevar a temperatura do meu corpo. A independência é tudo, mas pode ser perigosa. Agora procuro não vacilar mais.

A minha volta ao surfe

O meu maior sonho de infância, que era o de surfar até morrer, foi apagado em novembro de 1991. Depois disto, a minha meta passou a ser reaver a independência, me tornar o mais independente possível. Surfar outra vez nem passava pela minha cabeça.

Mas a modalidade Stand Up Paddle, que nada mais é do que uma prancha maior e mais larga, surgiu e se propagou. Essa modalidade foi inspirada nos antigos havaianos, e ressurgiu comercialmente pelo surfista Laird Hamilton, no início dos anos 2000. Mas meu amigo, Murilo Brandi, já em 1989 fez (shapeou) uma prancha de 14 pés com bloco de windsurf. O taitiano Vetea David remou nela e surfou algumas ondas no início dos anos 1990, durante uma etapa do circuito mundial, o Hang Loose Pro, no Guarujá.

No Stand Up Paddle o praticante vai em pé na prancha e desloca-se usando um remo. Enquanto eu observava essas pranchas cada vez maiores passarem pelo calçadão, na minha cabeça surgia uma ideia ousada: quem sabe um dia eu não poderia estar numa delas?

Mas se eu estivesse numa dessas pranchas, seria apenas para dar uns passeios pela zona das ondas, nada de surfe muito agressivo. Porém, meu problema sempre foi como ficar posicionado. As poucas vezes em que fui colocado numa prancha não foram experiências desconfortáveis. O normal seria ficar na posição deitado de bruços, mas eu sabia que essa posição não seria confortável para mim. Um dia assisti a um filme em que um cara fazia diversas posições em cima de um longboard. E, em uma dessas posições, ele se sentou como se estivesse num trono, e foi deslizando por um bom tempo. Naquele instante eu havia descoberto a maneira que poderia ficar na prancha! Esse estilo chama-se king stance ou "base rei".

A elaboração de uma prancha hoje é feita no computador. Depois de configurada, o projeto é enviado para uma máquina-robô, que executa o serviço. Com essa tecnologia tornou-se possível fazer pranchas de qualquer tamanho ou dimensão. E a ideia de fazer uma adaptada para mim não era só "viagem" da minha cabeça. Outras pessoas, como Neco Carbone, que é um dos surfistas e fabricantes de prancha mais experientes do Brasil, e o Jorge Pacelli acreditavam que era possível me levar para surfar. O Pacelli já estava levando seu filho Koa, de apenas seis meses de idade, para surfar. Ele surfava posicionando o bebê num cesto adaptado no bico da prancha, e pretendia fazer o mesmo comigo.

O Neco é o *expert* do programa "Shape3d". Um dia ele apareceu em casa trazendo um *notebook*, e nele configuramos uma possível prancha para mim. Como ele dominava esse programa, a execução foi bem rápida. Eu não tinha pretensões de executar aquela prancha, por causa do alto custo, mas só de saber que tinha uma prancha num arquivo já era um sentimento legal. Justamente nessa época, uma produtora de filmes de Santos me convidou para fazer parte do elenco de um curta-metragem que seria sobre perfis de surfistas adaptados. O nome do filme seria *Aloha*. Eu concordei, mesmo sabendo que não era um surfista adaptado, pois sabia da possibilidade de fazer a minha prancha. E agora existia uma razão para a prancha ser construída!

A máquina fez a prancha sem maiores problemas, mas o desafio maior seria desenvolver um bom assento. E isto foi trabalhado pelos "engenheiros" Alexandre Cebola e Jordano Paiva. Eles materializaram o assento adaptado bem rápido. E quando tudo ficou pronto e montado, a prancha ficou ótima.

A prancha estava linda, mas ninguém sabia como ela iria se comportar. Então era preciso testá-la, porque eu tinha um compromisso com o filme. Minha maior preocupação era o frio que costuma fazer naquela época do ano. Olhando os mapas da previsão pela internet, detectei um dia perfeito para a estreia da prancha. Esse dia prometia ter ondas pequenas, estar quente e com sol. Mas, no dia seguinte dessa previsão, havia uma frente fria com chuva chegando. Então liguei para a coordenadora do filme dois dias antes e falei sobre esse dia. Ela me respondeu:

– Puxa, Taiu, o nosso problema é que o controlador da câmera está viajando e só vai chegar nesse dia. Então nós só poderemos gravar no dia seguinte.

Eu expliquei sobre o risco da previsão de chuva para o dia seguinte. Mas como não tínhamos alternativa, arriscamos. Ficou combinado às seis da manhã todos na praia.

Mas quando amanheceu o tal dia de calor, da previsão, não resisti. Logo convoquei a equipe para irmos fazer o teste. Eu estava ansioso, porque era muita loucura pensar em ir surfar. Na noite anterior eu tive vários sonhos, e em todos eles eu estava surfando.

Entrei no carro vestido com o meu traje. A prancha foi amarrada na capota do carro do Neco.

Chegando à praia, lá estavam Luizinho, Pacelli, Neco, Koxa, Alemão, Fantinha, Cebola, Rodnei, Vitor, Bola e Michel, Marcão, Emerson, Eric Myakawa, Silvinha e a prancha na beirada. A previsão se confirmou, pois o dia era quente e de sol. As ondas estavam bem pequenas, e fui carregado da cadeira de rodas para a prancha. Depois de sentado, o Pacelli subiu com o remo e saímos em deslocamento.

COM PACELLI NA PRIMEIRA REMADA.

Havia diversas pessoas ao redor com prancha e Stand Up. A Diana também estava me acompanhando, na sua prancha, enquanto o Luizinho cercava com a moto aquática, e o Alemão de Maresias nos acompanhava de perto com um Stand Up.

GALERA NO OUTSIDE, DA ESQUERDA PARA A DIREITA: ALEMÃO DE MARESIAS, DIANA, EU, NECO CARBONE E DANILO MULINHA. ATRÁS: ERIC MYAKAUA, JORGE PACELLI (ATRÁS DE MIM), JONAS BASTOS, EMERSON.

Enquanto remávamos, tentando pegar a primeira onda, o Neco nos observava da beirada. Ao perceber que o Pacelli estava com dificuldades para deslocar a prancha, ele entrou na água para nos ajudar. Nadou até nós e subiu na prancha, se posicionando atrás do Pacelli. Agora, com duas pessoas remando, a prancha deslizava melhor.

COM PACELLI E NECO.

O mar estava bem calmo, e estava difícil de pegar alguma onda. Nas nossas primeiras tentativas não conseguimos. Mas, de repente, os dois se empolgaram. Surgiu uma onda com bom potencial, e remamos com tudo para pegá-la. Quando a prancha embalou e começou a deslizar suavemente na onda, todos nós, e quem mais estava por ali, fomos ao delírio.

PRIMEIRA ONDA.

Deslizar naquela onda até a areia foi um grande momento de superação. Quando eu me imaginaria surfando novamente?

A Jabiraca

Não tenho palavras de agradecimento e admiração aos amigos envolvidos nesse projeto por me oferecer e compartilhar tamanha felicidade!

Surfar novamente passou a ser "a experiência". Desde a emoção de ir para praia sabendo disso, de remar, de sentir o sol e a água salgada, o cheiro da parafina e a brisa marítima. Tudo se transforma num momento especial. Somente estar ali, participando do surfe, já me trazia bons sentimentos. E saber que com essa prancha e com essa equipe eu agora poderia novamente buscar uma onda da série, esse dia mudou a minha vida pós-acidente.

Depois desse teste, notamos que era preciso fazer um pequeno ajuste no assento. E à noite fizemos esse acerto, para no dia seguinte tudo estar preparado para as filmagens. Fui dormir torcendo para a chuva não entrar durante a madrugada. E, ao amanhecer, o tempo ainda estava bom, sem chuva e fazendo calor.

Nós nos apressamos para sair em direção à praia. A equipe já havia levado a prancha, e eu e a Diana fomos de carro. Desta vez, a Lana, nossa cachorra, foi conosco. Vimos o sol nascendo como uma linda bola alaranjada. Chegando lá, nós já vimos a equipe e a prancha na beirada. Desci do carro, sentei na cadeira manual, e me levaram até a prancha. A Lana endoidou quando me viu sendo carregado e transportado até lá. Ela subiu comigo, e não queria mais descer.

Da esquerda para a direita: Marisco, Wagner Machado, Neco Carbone, eu, Pacelli e Paulo Carvalho.

Eram 7h15 da manhã quando saímos remando em busca das ondas. Havia muitas câmeras, na praia e dentro da água, e logo chegamos ao fundão, onde ficamos aguardando a boa onda aparecer. Não demorou muito e lá estava ela.

Quando remamos para a onda, senti a prancha se elevando. Ainda no topo da onda respirei forte! Descemos e surfamos a primeira onda, que já era razoável e perfeita, e surfamos até o raso. Depois que sentimos que ela estava bem melhor depois do ajuste no assento, voltamos empolgados para o fundo. Pegamos uma onda atrás da outra em questão de trinta minutos. Foram umas cinco ondas surfadas seguidamente! Registraram tudo, e a nossa missão quanto ao filme estava cumprida. O vento sul fraco que soprava suavemente começou a se intensificar.

Saímos da água com a nossa missão e compromisso cumpridos, e foi o tempo para o céu começar a escurecer. Eu estava pirado, porque a qualidade das ondas surfadas e o desempenho da prancha nos surpreenderam. O vento começou a ficar frio, e em minutos a chuva começou.

Surfe intenso

Depois que surgiu a possibilidade de surfar, nos dias seguintes passei a viver observando e buscando na internet dias com condições de surfe ideais porque as ondas no canto das Astúrias não quebram constantemente. Mas, passada uma semana daquela frente fria chuvosa, deram boas ondas. E foi uma boa época de ondas no canto.

Conforme nós praticávamos, a qualidade do nosso surfe evoluía. Nesse início nós estávamos surfando na defensiva. Geralmente pegávamos as ondas canhotas, as que vão para a esquerda, porque elas terminavam no canto da praia. Assim era bem fácil atravessar de volta ao fundo.

SURFE NO CANAL-PITANGUEIRAS: COM PACELLI E NECO.

O nosso surfe estava chamando a atenção, e a mídia nos procurou. O jornal *A Tribuna de Santos* foi o primeiro, e logo depois a Globo regional, a TV Tribuna.

Nesse dia o mar estava perfeito. Fazia sol e havia ótimas ondas. Essa seria a nossa quinta surfada, e ali eu já pensava em ir numa onda maior. Enquanto remávamos pelo canal em direção ao fundo, combinei com a equipe que, naquele dia, nós teríamos que arriscar e ir numa onda maior para a direita. O problema em pegar um direitão expresso do canto das Galhetas é que ao finalizar a onda ficaríamos bem longe do canal, que fica no cantinho.

SURFE NO CANAL-PITANGUEIRAS: COM PACELLI E NECO.

E a onda que queríamos apareceu, mas não conseguimos pegá-la. Tivemos então que remar forte contra ela, e passamos no limite!
Nós sabíamos que naquele dia seria possível surfar uma onda de respeito. E quando outra onda maior apareceu, desta vez estávamos no lugar certo. Começou a remada, e enquanto a prancha embalava, fui overdosando os meus pulmões com oxigênio. Ficamos lá em cima da onda, e quando começou a descida acelerada senti que era um negócio sério. Com muita velocidade fomos para a direita. O deslocamento era grande e, no processo, o Neco caiu da prancha. E nesta hora o Pacelli gritava:
– UUURANGO! O Neco caiu, só estamos eu e você!

ONDA ÉPICA.

Estávamos surfando e querendo completar aquela onda quando, na nossa frente, vimos quebrar uma sessão de espuma. Eu pensei que poderíamos capotar, e, se isso acontecesse, eu ficaria em apuros... Mas, quando a espuma bateu na borda da prancha, a resposta veio da melhor maneira e a ela consertou o trajeto.

O Pacelli gritava adrenalizado de emoção. Mas a minha reação foi ficar mudo! Sentia algo diferente, apesar da adrenalina. E aquela onda terminou virando a capa do jornal *A Tribuna*!

CAPA DO JORNAL *A TRIBUNA*.

Era estranho surfar, porque não era mais eu quem remava e fazia o esforço. O surfe é um esporte que exige preparo físico, mas eu, ali sentado, deixava os dois levarem a minha alma surfar.

Da esquerda para a direita: Neco, Marquinhos, Pacelli e Marco Meccia (em pé), Alexandre "Cebola", Lana, eu e Pipo (na frente).

Curiosidades

Depois que me acidentei, passei um bom tempo me perguntando por que essa fatalidade teve que acontecer justo comigo. Por que o meu anjo da guarda não me protegeu naquele momento? Não dá para não ficar abalado depois de tamanha transformação. Eu sei que Deus já havia me livrado de muitas, e ainda me livra. Mas, naquela onda, eu me estrepei.

Eu não fui uma pessoa tão ruim assim para merecer um castigo desses. Foi triste cortar as asas de um surfista que estava em pleno voo. Logo no início, me sentir imobilizado era uma sensação terrível. Não foi fácil encarar a realidade nos meses seguintes, porque, de um segundo para outro, minha realidade já havia se transformado.

No período de recuperação, muitas pessoas, quando vinham me visitar, me convidavam para visitar lugares. Centros religiosos ou místicos que eles acreditavam que poderiam me ajudar. Como eu não tinha mais nada a perder, eu fui em muitos deles.

Paranormal

A primeira cadeirante que conheci me contou sobre um amigo, o paranormal Thomas Green Morton. Ela me contou várias histórias sobre ele, dizendo que entortava moedas e que era bem louco. Eu fiquei curioso e, um dia, ela me convidou para ir conhecê-lo no sul de Minas Gerais. E fui. Viajamos até Monte Alegre, e fomos encontrá-lo na sua casa, que era bonita e cercada de árvores. O lugar era tranquilo, e ele parecia um mago em meio àquele cenário. Eu tomei um susto ao encontrá-lo, porque ele era cabeludo, mal vestido e tinha um assustador galo preto no meio da testa. Ele alegava que, depois de ter sido atingido de perto por um raio, aquele galo apareceu e gerava os seus "poderes". Ele era famoso por já ter tido encontros com pessoas famosas, e o ex-presidente Collor foi até ele quando estava sofrendo o *impeachment*.

Quando soube o que havia me acontecido, ele logo definiu meu acidente como uma "sacanagem cósmica".

À noite, fomos jantar em um restaurante, e enquanto esperávamos a comida, ele fez várias demonstrações. Entortou moedas, fazia piscar *flashes* de luzes coloridas ao seu redor e soltava um óleo cheiroso das mãos. Naquele jantar assistimos a um verdadeiro show pirotécnico, e o cara era famoso por isso.

Mas eu me perguntava: como tudo isso nos ajudaria a andar? Passamos a tarde e a noite com ele, e no dia seguinte fomos embora.

A cigana

Na sequência, fui conhecer uma cigana que atendia no centro de São Paulo. Ela nos recebeu repleta de mistério, usando roupas diferentes. Quando chegou a minha vez, fui falar com ela. É claro que quando uma pessoa me vê numa cadeira de rodas fica imaginando o que aconteceu comigo.

E ela começou a sessão tentando adivinhar o que havia acontecido:
– Você sofreu um acidente num veículo de quatro rodas.
E eu respondi que não.
Então, ela insistiu:
– Então foi num veículo de duas rodas?
Eu novamente respondi que não...
Depois disto percebi que ela estava em apuros. Fez uma cara de concentração, e pediu para esperar um pouco. Ela dizia que o "espírito cigano" ia falar com ela. Eu não sei se ela usava uma escuta no ouvido, porque uma boa tática para enganar seria ter alguém do lado de fora que fizesse essa pergunta para quem estava comigo.

Enfim, não acertou como eu havia me acidentado, e a situação se tornou ridícula. E ela ficou sem saber.

Espiritismo

O primeiro lugar em que fui fazer uma cirurgia espiritual foi em Leme, no interior de São Paulo. Depois de uma longa viagem de carro, encaramos uma fila imensa até conseguir falar com o padre-doutor.

Antes de entrar na sala, o padre que fazia as cirurgias chamou o Totó para um interrogatório. Ele fez uma série de perguntas, e quando soube que eu havia sofrido uma lesão na medula nervosa, disse que nada poderia ser feito por ele nem pela entidade que o possuía para operar. A reação do meu irmão foi de revolta! Havíamos tomado a maior canseira por nada, mas ficamos para o culto onde presenciei diversos médiuns recebendo espíritos.

No ano seguinte, fui num centro espírita em São Paulo que era da luz lilás. E fui várias vezes ali, onde passavam um cristal no meu pescoço dizendo que era a cirurgia. Nada aconteceu.

Mesa branca

Fui numa sessão de mesa branca que acontecia numa bonita casa, no bairro do Morumbi, em São Paulo. Chegando na mansão, só havia carros importados estacionados na porta. Mas, lá dentro, todos usavam roupas brancas, parecendo baianos de terreiro, e alguns tinham aqueles panos brancos na cabeça. Fui atendido por uma moça, que aparentava ser paulistana. Mas estranhei o seu traje e o cordão no pescoço, uma guia de candomblé. Antes de começar a falar comigo, ela acendeu um charuto e deu duas tragadas. Senti aquele cheiro forte, e ainda estava debilitado para aspirar qualquer tipo fumaça. Ela começou a falar como um preto velho e, a cada tragada que ela dava no charuto, o seu sotaque ficava ainda mais carregado. Eu não tinha uma visão espiritual nessa época, e estava achando engraçado. Falando daquele jeito, ela me fazia lembrar aquele eterno personagem do Chico Anísio, o pai de santo.

Ela continuou fazendo adivinhações da minha vida, e me chamava de "vosmecê". Eu sentia vontade de rir, e achava aquilo uma piada. Mas hoje entendo que eu estava num lugar onde jamais voltaria nos dias de hoje!

A onda do espírito

Quando fui ao cinema assistir ao filme *O livro de Eli*, jamais imaginava que um simples filme me transformaria. Sua história mostra a importância histórica que a Bíblia tem para a humanidade. No início do filme, aparece um cara andando, e a Terra havia se transformado num ambiente hostil porque fora destruída por uma guerra religiosa entre cristãos e muçulmanos. Os poucos sobreviventes dessa guerra, que se esconderam em buracos abaixo da terra, ficaram com ódio da religião por esta ter sido o motivo de tamanho estrago. Então foram destruídas todas as bíblias que existiam no planeta, sobrando apenas uma. Esta estava nas mãos de Eli, que segue seu chamado e vai andando para o oeste, a fim de passar o conteúdo da Bíblia para uma universidade onde estavam restaurando as partes da história perdida. O final do filme é emocionante, mas não vou contar...

Saí do cinema com vontade de fazer algo que sempre tentei mas nunca consegui: ler a Bíblia. Eu estava curioso, mas sozinho eu sabia que não conseguiria ler cinco páginas... Então, convidei um amigo chamado Kias para estudar comigo em casa, porque sabia que ele era cristão. Ele topou. Foi quando comecei a ouvir trechos e estudar a palavra de Deus. Ele me recomendou ler a Bíblia, e deu a dica de começar pelos evangelhos. Eu li primeiro e concentradamente o Evangelho de João. Os evangelhos contam os três anos do ministério de Jesus, por quatro dos seus apóstolos: Mateus, Lucas, Marcos e João. No evangelho você não aprende nada histórico, como no Antigo Testamento, mas conhece todas as maravilhas, lições e o amor que Jesus viveu. É impressionante como, em tão pouco tempo, Jesus conseguiu revelar ao mundo o poder de Deus, a fé e os milagres, dividindo a história da humanidade em duas partes, antes e depois dele. Entendi algumas coisas que ignorava, como o mal (satanás) que anda fazendo atrocidades pelo planeta:

"E foi precipitado o grande dragão, a antiga serpente, chamada o Diabo, e Satanás, que engana todo o mundo; ele foi precipitado na terra, e os seus anjos foram lançados com ele." (Apocalipse 12:9)

Uma outra revelação é o poder que a música tem para influenciar o coração. E músicas com letras louvando a Deus é um agrado para Ele, pois Ele habita nos louvores:

"Estejam na sua garganta os altos louvores de Deus, e espada de dois fios nas suas mãos." (Salmos 149:6)

O meu entendimento começou a me transformar, e a minha visão espiritual começou a despertar. E, no meio dos louvores, que sempre achei caretas, mas que passei a respeitar, escutei um *reggae* maneiro. Ao escutar esse *reggae*, na hora bateu na minha alma como coisa boa. Eu logo quis saber que som era aquele. E me disseram que o som era do Nengo Vieira. Eu sempre gostei de *reggae*, e escutei Bob Marley a vida inteira. Depois tive minhas épocas de Alpha Blondy, Burning Spears e outros. No Brasil, gosto de Natiruts, Tribo do Jah, Cidade Negra, e sei que existem muitas outras bandas atuais de qualidade. Mas de Nengo Vieira nunca tinha ouvido falar, e o som dele me agradou logo de cara.

Passados alguns dias, estava andando pelo calçadão no Guarujá quando fui abordado por um maluco com *dreads* no cabelo. Com uma vibe de paz, ele logo me perguntou se eu era o Taiu. Quando confirmei, ele se apresentou: era o Nengo Vieira.

Nengo Vieira.

Kias havia comentado sobre mim, e Nengo rapidamente foi me contando a sua história. Disse que era baiano e que estava morando no Guarujá desde 2005. Começou com uma banda de *reggae* nos anos 1980, mas completou dizendo que, em 1994, ele se converteu para Jesus. Nengo já havia gravado cinco CDs (para Jesus), e logo meu deu um, o *Mata Atlântica*. Logo depois, do nada, ele comentou:

– Eu já fumei muita maconha na vida...

E continuou a conversa, dizendo que, depois que ele teve um encontro com Jesus, ele se tornou um cara liberto. Também me disse que era um missionário. Eu não sabia direito, mas imaginava o que era ser um missionário. Mas não entendi essa história de "liberto".

Algumas coisas importantes começaram a acontecer na minha vida, justamente nessa época. O meu casamento, que estava quase indo para o beleléu, foi reestabelecido. E como em tudo na vida existe um propósito, a Diana apareceu em 2003 para me ajudar a ter esse encontro com Jesus. Ela retornou das férias na casa da mãe quando soube das reuniões que estavam acontecendo aqui. Ela sempre insistiu para que vivêssemos nossa vida em Cristo, pois já havia tomado a sua decisão muito antes. Mas, quando começamos a morar juntos ela se desviou geral, e deu uma pirada comigo, mas nunca se sentia confortável vivendo uma vida de doideiras.

Voltar a deslizar nas ondas e viver momentos tão felizes acontecia no meio de toda essa transformação, e aquilo me deixava muito agradecido a Deus e aos amigos.

Um dia, o Kias levou o Nengo em casa para compartilhar nosso estudo. Ele levou um violão, tocou alguns louvores-*reggae*, e depois me convidou para ir visitar a Bola de Neve pois iria tocar com a banda na quinta-feira. Eu fui à tal Bola de Neve, como se estivesse indo a um show de *reggae*. Mas fui surpreendido nessa minha primeira visita, não somente pela música, que estava muito boa, mas pelo próprio Nengo dando o seu testemunho. Ele é uma pessoa totalmente fundamentada na Palavra, e senti ali uma atmosfera totalmente única. Eu continuei indo lá, e fui conhecendo algumas pessoas. Depois obviamente eu conheci o pastor Felipe, que é o pastor e responsável pela igreja do Guarujá. E ele, além de pastor, é um cara que gosta muito de pegar onda. É um fissurado, mas como pastor ele é uma pessoa muito preparada e ungida.

Eu só poderia ser grato e feliz por tudo que estava acontecendo comigo, e um dia fiz esta oração no final de um culto a Jesus:

"Jesus, o Senhor é o meu Deus, meu único e suficiente salvador. Eu entendi e senti a imensidão do Seu amor. Eu peço perdão pelos pecados que cometi até aqui, através do seu sacrifício vivo na cruz do calvário. A partir de hoje eu quero ser uma pessoa nova, eu não quero mais viver para mim, mas que o Senhor viva em mim. Senhor, escreve o meu nome no livro da vida, porque eu me declaro Seu filho. Eu entrego a minha vida no Seu controle, e te agradeço por tudo. Amém."

E a transformação está em andamento. Desde então a luta se tornou diária, e se antes eu vivia uma vida espiritualmente desorientada, hoje sou outra pessoa. Busquei a verdade, e fui me libertando de diversas condutas que hoje eu nem penso em fazer mais. E tudo graça ao amor de Jesus, que me libertou e liberta verdadeiramente:

"E conhecereis a verdade, e a verdade vos libertará." (João 8:32)

Depois de seis meses aliançados com Jesus, eu e a Diana nos batizamos. Aconteceu numa manhã de domingo, na praia do Guaiúba.

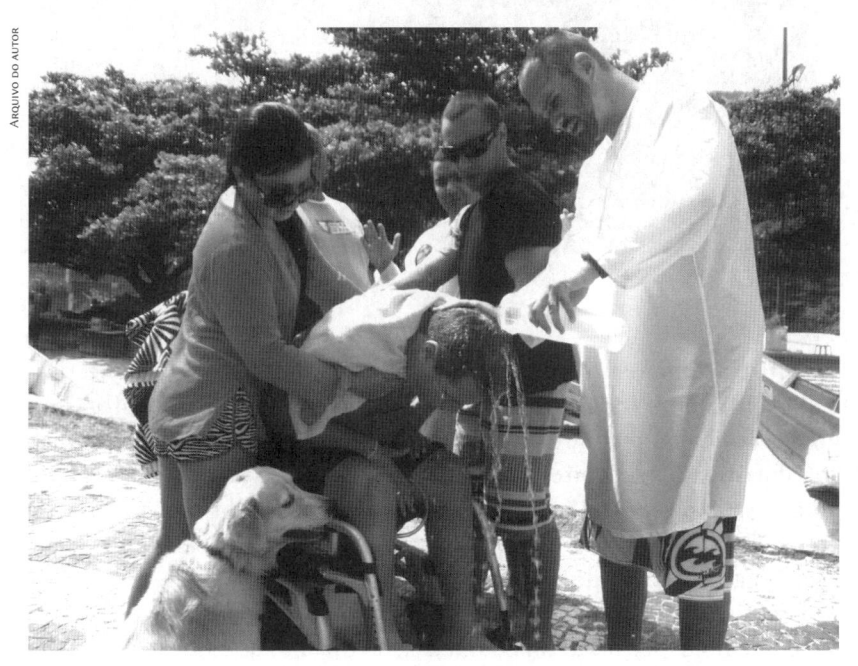

BATISMO, COM DIANA, PASTOR FELIPE E IRMÃOS.

"Entrai pela porta estreita; porque larga é a porta, e espaçoso o caminho que conduz à perdição, e muitos são os que entram por ela." (Mateus 7:13)

Passados quatro anos, o pastor Felipe e sua família tornaram-se bons amigos. Em 2013 realizamos nosso casamento diante do Senhor, pois a aliança que é feita na Terra, passa a ser aliança também no Céu.

CASAMENTO, 2013.

O relacionamento com os irmãos da igreja cresceu, e hoje passei a ter um sentimento indescritível por eles, que é o amor em Cristo. Comecei a gostar muito de ir à igreja, e sinto um grande amor por esse ministério. Não é fanatismo, nem bitolação de religião, porque o fanatismo religioso é a pior coisa, e o próprio Jesus abominava os fariseus da época. Fanatismo e extremismo só levam à divisão, à discórdia, ao ódio, a perseguições, a massacres e a guerras. Desde a antiguidade, logo após Cristo se elevar aos céus, os cristãos foram perseguidos. Depois vieram as grandes tragédias contra a vida. E, até hoje, por fanatismo, aldeias são dizimadas e dezenas de crianças são mortas na África, e homens-bomba se explodem no meio de multidões. Isso em nome de Deus? Qualquer outro Deus menos Jesus, Deus da justiça, do perdão e do amor. Portanto, fanatismo é completamente contra o que existe de melhor e mais adorável, que é o amor. E eu resumi a minha fé simplificada, seguindo somente o Evangelho, somente acreditando em Jesus, somente pela fé e pela graça que se chega ao Pai e às promessas que Ele tem para você, e somente em dar glória a Deus. Simples assim! Eu gostaria muito que todas as pessoas que conheço e amo neste mundo lembrassem e percebessem o tamanho do amor que Deus tem por nós:

"Porque Deus amou o mundo de tal maneira que deu o seu Filho unigênito, para que todo aquele que nele crê não pereça, mas tenha a vida eterna." (João 3:16)

Nunca se esqueça que Jesus é o nosso maior amigo:

"Disse-lhe Jesus: Eu sou o caminho, a verdade e a vida; ninguém vem ao Pai, senão por mim." (João 14:6)

Reflexões e pensamentos

Com Diana durante o campeonato mundial de longboard em Huanchaco, Peru, 2011.

Quando pensamos que já vimos de tudo nessa vida, somos surpreendidos. Apesar de ter mais de cinquenta anos de idade, ainda vejo coisas diferentes e muitas me emocionam. Precisamos estar o tempo todo com as nossas mentes e corações abertos e estarmos receptivos para aprender, ouvir os outros e nos emocionar com coisas que parecem pequenas, mas que são muito significativas. Talvez esteja aí a chave da felicidade; nas pequenas coisas, na vida simples.

Eu me emociono com vitórias em esportes ou observando uma pessoa surda poder entender as coisas através da linguagem de libras. Posso imaginar a felicidade de um cego em poder ler um livro e adquirir informações através do braille. Na mesma situação física em que estou hoje, sei que também existem muitas outras pessoas. Vivem andando por aí sobre cadeiras e ultrapassam limites, tendo acesso à praia e entrando no mar novamente: isso é emoção! Jogos e atividades paraolímpicos, como o basquete sobre rodas, impressionam. Experimentar o surfe, ou somente uma remada com a minha prancha-modelo, sem palavras... é maravilhoso!

Andando por aí, estamos arriscados a encontrar pessoas que nos edificam, exemplos que nos ensinam. A minha opção é viver amando a vida, os dias, as pessoas, as coisas e o ar que repiro. E dou graças a Deus por isso!

Como foi bom ter sobrevivido àquele acidente, e eu sempre agradeço a Deus por isso! Não importa o que eu esteja perdendo, como surfar ondas grandes, poder me movimentar ou passar despercebido como todo mundo. O que importa é o quanto tenho aprendido, quantos sorrisos tenho dado e quanto Deus me ama por ter me oferecido tantos dias acrescidos na vida!

A vida é mesmo como um sopro, e não podemos desperdiçar este tempo que nos foi dado e é tão breve e precioso.

Qual é a minha ou a sua missão por aqui? Como poderemos abençoar outras pessoas? É preciso encontrar um caminho, não podemos viver sem saber para onde ir ou o que fazer.

O dia da partida é triste para os que nos amam e ficam, mas, pela graça e crença de que Jesus é o filho de Deus e que morreu na cruz para nos livrar da morte, a Salvação está disponível:

"Portanto, agora nenhuma condenação há para os que estão em Cristo Jesus, que não andam segundo a carne, mas segundo o Espírito." (Romanos 8:1)

Esta escolha de vida não é e nunca deve ser uma questão de religião, mas, sim, de fé. Um sentimento pessoal, um relacionamento íntimo entre você e o criador, Deus.

E o mundo vai continuar, mesmo sem você ou eu. Nós somos muito pequenos diante de tudo isso, e é por isso que devemos nos manter humildes.

Na minha experiência de acordar numa UTI, ficar paralisado e com uma coroa cravada na cabeça, olhar para o lado e ver Jesus crucificado mexeu comigo. Assim como a sensação de quase morte logo após o acidente. Recentemente, quando caí da cadeira de rodas e passei algumas horas à deriva sem poder fazer nada, por pior que tenha sido, pude experimentar um momento de reflexão e conscientização de que não sou nada. Naquele momento, senti na pele que na situação em que eu estou, sem os movimentos do corpo, eu nunca sobreviveria sem a ajuda das pessoas. E, muitas vezes, só porque tenho uma cadeira motorizada e posso fazer muitas coisas com alguma independência, eu "me acho"... Como ainda posso "me achar"? Como posso ser ainda tão arrogante?

Perdoa-me, Deus!

A maravilha da humildade está no reconhecimento da nossa pequenez. Por isso, é preciso trabalhar o nosso caráter, sempre tentando melhorar o nosso lado ruim. Como eu acho difícil parar de falar palavrão!

A chave da libertação está em perdoar. Devemos saber perdoar tudo e qualquer mal que sofremos porque este é o único caminho para se viver em paz. Encarando o que passamos como uma simples fase da existência eterna muito maior, talvez consigamos entender o Todo, e o sentido de nossas vidas.

E, neste contexto da vida, observando-a como um sopro, o vento deste sopro poderá ser terral ou maral. Terral para aqueles que permitem e enxergam dias de uma vida linda e perfeita. Maral para aqueles que vivem com o interior de ressaca, encarando a vida como um mar mexido e feio. Podemos escolher em qual mar desta vida iremos surfar.

Uma vida amargurada quase sempre está relacionada à falta de capacidade de perdoar as pessoas ou de nos perdoar.

Um coração livre e grato, uma consciência leve e feliz, esta é a fórmula que devemos buscar sempre. Liberar o perdão é a chave!

Eu só tenho muito que agradecer a todos que já me ajudaram e me ajudam a continuar surfando o meu sopro de vida! Nem tenho palavras nem sei como agradecer...

O meu coração busca e tenta ser feliz o tempo inteiro, mas, quando algo triste acontece, solto a prancha, mergulho e seguro o caldo... aguentando e acreditando que a turbulência é passageira.

Agradeço a Deus por tantos momentos e coisas boas que já me aconteceram, assim como agradeço por ser abençoado e querido por ter tantos amigos. E me perdoem aqueles que eu, de alguma forma e em algum momento, magoei ou fui injusto.

Viva a vida e que Deus nos abençoe sempre!

Lá vamos nós!

E assim seguimos com a vida, que nunca vai deixar de ser louca, muito mais agora que estou focado e com a certeza da salvação! Pois pode acontecer o que for, sei que não há condenação para aqueles que estão em Cristo.

A nossa missão por aqui é realizar com excelência tudo que fizermos. Hoje coloco diante do Pai as minhas decisões, e peço que ele me mostre, através da intuição, sonhos ou sinais, o caminho certo.

E sou grato, porque vivo com alegria no coração. Aliás, sempre vivi! E não foi porque fiquei sem os movimentos que vou me revoltar e desistir! É claro que nos meus dias de transformação-aceitação desta nova condição física me bateu uma revolta, uma pergunta para Deus: por que comigo? Mas superei isso faz muito tempo, e entendo que Deus só dá a cruz que você suporta carregar. E agradeço muito a Ele por todos os meus dias de vida, antes e depois do acidente:

"O coração alegre é como o bom remédio, mas o espírito abatido seca até os ossos." (Provérbios 17:22)

Eu já passei por diferentes situações. Tive uma infância abençoada, uma juventude privilegiada de oportunidades e uma vida de surfista profissional. Vivi uma parte da minha vida com a liberdade para fazer tudo que estava ao meu alcance. Também fui um estudante universitário, fui um viajador do mundo, um paciente de hospital e, nos últimos anos, estou seguindo a minha jornada como cadeirante. Hoje entendo porque em todos os perigos e quedas que tive nesta cadeira eu saí ileso. Acredito que Deus esteve sempre comigo, porque Ele já sabia que iria contar comigo mais para frente.

Mesmo eu sendo um selvagem louco, aventureiro e baderneiro, antes, o meu futuro estava reservado para ser um bom testemunho. E demorou para eu conseguir melhorar, pelo menos um pouco... Quase cinquenta anos!

Depois do acidente também não entendia de onde vinha tanta força para suportar o que para maioria parece ser insuportável. Mas somos seres criados à imagem e semelhança de Deus, e a força interior não nos falta quando estamos em situações extremas e adversas.

Eu já passei por tanta coisa, mas ainda tenho uma enorme disposição para encarar desafios maiores, como o de surfar no Havaí ou em outros lugares, como a Jabiraca, que é o meu principal foco no momento, ou disputar um cargo público. Já encarei duas eleições e obtive mais de 3 mil votos nas duas, sem gastar um centavo. Não sei se vou me expor outra vez, já que agora entendi que uma campanha política grande, estruturada, necessita de muita estrutura. Geralmente essa estrutura vem do caixa dois da corrupção, talvez não. Então, esse negócio, por melhores intenções que alguém possa ter, é difícil de encarar.

Mas entendo que a política existe desde a época dos faraós e os estados sempre foram constituídos por governantes, qualquer que seja o regime. Temos que ser conscientes quanto as nossas escolhas, e ficar atento. O voto é a nossa arma, e a educação é o caminho do fortalecimento do voto consciente.

Depois de surfar muitas vezes na Jabiraca, senti no coração o desejo de dividir essa maravilhosa sensação e opção de aventura com outras pessoas que hoje vivem suas vidas com muitas limitações, assim como eu.

Eu sei o potencial que uma sessão de surfe traz para a alma de uma pessoa cadeirante! Transforma o humor e a vontade de viver para sempre. Contagia o coração com felicidade e satisfação por umas duas semanas. E ainda ficará sabendo que existe essa opção de lazer, e que é possível para qualquer cadeirante.

Não é fácil encontrar opções de lazer e emoção numa cadeira. Se você vai até a praia, atola na areia. Se viaja até um parque ou à Disney, mal dá para andar em um brinquedo. Se é surfista e vai para o Havaí, frita na cadeira e chora olhando a galera pegando as ondas no paraíso.

A minha emoção e adrenalina se resumiu por anos em andar a 12 km/h acelerando com o queixo a minha cadeira motorizada pelas avenidas do Guarujá!

Eu acho que descobri a fórmula da alegria do cadeirante: a Jabiraca! Pelo menos para mim, que sempre gostei de surfar e fiquei um bom tempo sem essa sensação. Hoje o meu foco está neste projeto:

Surf Inclusivo para Todos!

E o milagre já me aconteceu, porque estou vivo e confiante! Já se passaram mais de vinte anos nesta guerrilha, e não posso reclamar de nada quanto à qualidade de vida com que fui abençoado. E não posso deixar de agradecer a todos os meus amigos, que me fazem sentir amado, querido, além de sempre me ajudarem a fazer a vida valer a pena!

NA PRAIA COM LANA.

Agradeço a todos que estão comigo e a todos que sempre me apoiaram e apoiam, seja de perto ou de longe. Amo vocês e estaremos eternamente juntos, em Cristo!

COM DIANA E LANA.

Aloha e Paz do Senhor!

GRÁFICA PAYM
Tel. [11] 4392-3344
paym@graficapaym.com.br